خواطر شاب ٢

أحمد الشقيري

العبيكان
Obekan

ح مكتبة العبيكان، ١٤٣٤هـ

فهرسة مكتبة الملك فهد الوطنية أثناء النشر

الشقيري؛ أحمد مازن أحمد

خواطر٢ / أحمد مازن أحمد الشقيري.-ط٥.- الرياض، ١٤٣٤هـ

١٣٦ ص؛ ١٤ × ٢١ سم.

ردمك: ٩-٥٨٥-٥٠٣-٦٠٣-٩٧٨

١- الإسلام - مقالات ومحاضرات   أ. العنوان

ديوي ٢١٠,٨   ١٤٣٤ / ١٠٣٥٧

الناشر العبيكان للنشر

المملكة العربية السعودية - الرياض - المحمدية - طريق الأمير تركي بن عبدالعزيز الأول
هاتف: 4808654 فاكس: 4808095 ص.ب: 67622 الرياض 11517

موقعنا على الإنترنت
www.obeikanpublishing.com

متجر العبيكان على أبل
http://itunes.apple.com/sa/app/obeikan-store

امتياز التوزيع شركة مكتبة العبيكان

المملكة العربية السعودية - العليا - تقاطع طريق الملك فهد مع شارع العروبة
هاتف: 4160018 /4654424 - فاكس: 4650129 ص.ب: 62807 الرياض 11595

فهرس المحتويات

الموضوع	الصفحة

مقدمة الطبعة الخامسة

الحمد لله والصلاة والسلام على الرسول الكريم ﷺ أما بعد:

فمنذ دخولي إلى الإعلام مصادفة عام ٢٠٠٢م عن طريق برنامج يالا شباب، أخذتُ وقتها قراراً بأن يكون كل عملي في الإعلام وفي الخدمة المجتمعية من دون مقابل مادي، وقد ساعدني على ذلك استقلالي ماديّاً عن طريق شركتي الخاصة التي وهبها لي والدي حفظه الله.

مــن المهـم فهـم أن أساسـيات استمـرار المشروعـات الخيرية هو وجوب حصولها على دخل، لكي تكبر، وتتحسن، وتستمر من دون الحاجة إلـى تبرعـات. وعليه، فـإن كل الدخل الـذي يأتي من جميـع مشروعاتي المجتمعية يُعاد ضخه مرة أخرى في المشروعات، وأعتقد أن هذا المبدأ هـو (مبـدأ إسلامي قديم تحـت اسم الوقـف)، ونحتاج إليـه كثيراً هذه الأيـام، فالعمـل الدعوي حالياً إمـا ضعيف المسـتوى أو لا يستمر؛ بسبب عدم وجود دخل مادي ثابت، والاعتماد على التبرعات فقط يُضعف العمل.

المشروعات التي تندرج تحت المفهوم أعلاه هي الآتية:

١- جميع كتبي (٣ أجزاء خواطر - لو كان بيننا - رحلتي مع غاندي).

٢- برنامج خواطر.

٣- ملتقى أندلسية.

٤- موقع إحسان. نت التطوعي.

والله ولي التوفيق،

أحمد مازن الشقيري

١٢ سبتمبر ٢٠١٣

المقدمة

الحمد لله رب العالمين، والصلاة والسلام على حبيبي وقدوتي محمد ﷺ..

قراءة هذا الكتاب الهدف منها أن تكون قراءة خفيفة الظل على القارئ من حيث قصر المقالات وتنوع موضوعاتها، ولكن في الوقت نفسه أدعو الله أن يكون لها الأثر العميق في إشعال شرارة التغيير في عقول الشباب وقلوبهم نحو بناء جيل عام ٢٠٣٠ م جيل النهضة...

قد تجدون في بعض المقالات خروجاً عن المألوف في المفاهيم والعادات، وهذه هي شرارة التغيير والبناء، أن يخرج الإنسان عما ألفه، وينظر إلى الأمور بنظرة متجددة باستخدام عقله تحت مظلة الشرع العامة...

أود أن أشكر عدداً من الأشخاص؛ لجهودهم في إخراج كتاب خواطر ٢ الذي بين أيديكم:

١- الأخ علي باكور على تصميمه الجميل لكتاب خواطر بجزأيه الأول والثاني، والأخ علي من المبدعين المخلصين في العمل، وحقيقة لم يتأخر علينا في أي أمر نطلبه منه، وهو يعمل بكل حب وتفانٍ، فشكراً عزيزي علي، على جهودك..

٢- الأخت سعاد باشماخ التي كان لها الدور الأكبر في تحويل الكلام في حلقات خواطر إلى كتابة، وهو ما وفر علينا وقتاً كبيراً تمكنا بسببه من العمل على إنهاء كتاب خواطر ٢ في وقت قياسي.. فشكر خاص لك أخت سعاد، على جهودك المبذولة معنا منذ أيام برنامج (يلا شباب)..

٣- الأخت همسة مطبقاني، لإشرافها العام على تجميع كل أجزاء الكتاب وحسن متابعتها للأمور..

نسأل الله الإخلاص والقبول للجميع، وما كان في هذا الكتاب من صواب فهو من الله، وما كان فيه من خطأ فهو من نفسي ومن الشيطان..

أحمد الشقيري

فبراير ٢٠٠٨م

خواطر القلب

٢٤ ساعة

ماذا لو قيل لك الآن: لديك ٢٤ ساعة فقط للعيش على هذه الأرض، وإنك ستموت بعد ٢٤ ساعة بالضبط؟!

تخيل أنها حقيقة واقعة لا محالة، تخيل أنك متيقن من الأمر، فماذا أنت فاعل؟

أرجو بعد هذا المقال أن تجلس مع نفسك، وتخطط للأربع والعشرين ساعة القادمة، وإليك بعض الأسئلة لتعينك على التخطيط.

- هل وصيتك مكتوبة؟ هل شرحت فيها أين تريد أن تُدفن، ومن تريد أن يصلِّي عليك؟

- هل علاقتك سيئة مع أحد؟ لو كنت على فراش الموت على من ستتصل يا ترى لتطلب السماح؟ على من سترفع سماعة الهاتف لكي تتصافى معه؟ هل يا ترى ستنظر إلى عداواتك الحالية من الزاوية نفسها وبهذه الأهمية والعناد وعزة النفس إذا علمت أن الموت قريب؟

- يا ترى هل ستذهب لتزور بيتاً من بيوت الله؟ ومتى كانت آخر مرة دخلت فيها المسجد، فزرت الله في أحد بيوته؟

- هل ستذهب إلى عملك في الغد كالمعتاد؟ أم ستنشغل بالعبادة فقط؟ تذكر حديث الرسول: «إن قامت الساعة، وفي يد أحدكم

فسيلة، فإن استطاع ألا تقوم حتى يغرسها فليفعل»[1] ... هل تفهم مغـزى ذهابك اليومي للعمل، وتربطه دائماً بآخرتك ارتباطاً وثيقاً، وأن عملك في الدنيا جزء لا يتجزأ من آخرتك؟ أم أن لديك الفصل الذي عند كثيرين، فتنظر إلى عملك ودراستك على أنه عمل دنيوي، بحيث ستتخلى عنه فور معرفتك أنك على مشارف الموت؟!

- يـا ترى مـا الأمور التي كنت تعظمها سابقاً والآن وأنت على فراش الموت لن تعني لك شيئاً؟ أموالك؟ جمالك؟ شهرتك؟

- يـا ترى مـا الأمور التـي كـنـت تحتقرهـا سابقـاً، والآن وأنت على فراش الموت تعني لك كل شيء؟ علاقاتك مع أهلك؟ قلبك ومدى ارتباطـه بالله وخشوعه؟ صدقات وحسنـات أضعتها عليك بسبب انشغال قلبك بالدنيا؟

- هـل ستزور أحداً في قبره اليوم؟ لكي تؤانسه في قبره، ومن ثم بعد موتك تجد من يؤانسك في قبرك؟

• يقول الشافعي:

غفلْنا لعمرِ اللهِ حتى تداركتْ	علينا ذنوبٌ بعدهـن ذنوبُ
فيا ليتَ أن اللهَ يغفرُ ما مضى	فيأذنُ في توباتِنا فنتوبُ

والغفلة عن الموت هي أعظـم غفلة، فاحرص على تذكر الموت بشكل مستمر؛ حتى تنضبط أولوياتك..

⚜

---

(١) أخرجه أحمد (٢٠/٢٩٦ رقم ١٢٩٨١) وصححه الألباني في صحيح الجامع (رقم ١٤٢٤).

أأمنتم؟!

تصف عائشة ﷺ الرسول ﷺ فتقول: كان النبي ﷺ إذا رأى مخيلة في السماء أقبل وأدبر، ودخل وخرج، وتغير وجهه، فإذا أمطرت السماء سُرِّيَ عنه، فعَرَّفَته عائشة ذلك، فقال النبي ﷺ: ما أدري لعله: ﴿فَلَمَّا رَأَوْهُ عَارِضًا مُّسْتَقْبِلَ أَوْدِيَتِهِمْ قَالُوا هَذَا عَارِضٌ مُّمْطِرُنَا﴾ [1] ... قوم عاد عندما رأوا الغيوم في السماء استبشروا خيراً، وقالوا: هذا مطر، وإذا بهذا الغيم فيه عذابهم والعياذ بالله!

انظروا إلى حال الرسول ﷺ، وهو رسول الله ﷺ وفي الحرم النبوي، ويعيش في المدينة، ومعه الصحابة، وخير البشر على وجه الأرض، ومع ذلك لم يأمن مكر الله! قارنوا بين هذا الحال وبين حالنا اليوم، نرى الكوارث كل يوم، ونقرأ عنها في الجرائد، زلازل في مصر وفي إيران، تسونامي في آسيا، وفيضانات في أمريكا، ولا نستشعر أن هذا العذاب، وهذه الكوارث قد تحصل لنا، وكأنه -والعياذ بالله- عندنا ختم من الله -سبحانه وتعالى- أني لن أؤذيكم أبداً! هذا الشعور لم يكن موجوداً عند الرسول ﷺ، وهذا الأمن من مكر الله هو من أعظم المفسدات، ومن أعظم أمراض القلب.

---

(١) أخرجه البخاري (رقم ٣٢٠٦) ومسلم (رقم ٨٩٩).

في جنوب إيطاليا عام ٩٦ قبل الميلاد تقريباً بجوار هذه المدينة كان يوجد بركان خامد وفي هذا العام ثار البركان، وانتشرت في السماء الحمم البركانية، وغطت المدينة بالكامل، حتى إن المدينة كانت الساعة ١٢ الظهر ظلاماً كأنها في الليل، ثم بدأت السماء -والعياذ بالله- تمطر أحجار النار من (اللافا) المتجمد على أهل المدينة، ثم السيول النازلة من البركان والحمم البركانية و(اللافا) نزلت، وغطت المدينة بالكامل بمقدار عشرات الأمتار من هذه (اللافا) .. مدينة بومباي لم يعرف عنها أحد شيئاً إلا عندما اكتشفها بعض المستكشفين من بضع مئات السنين فقط، والعجيب أنهم وجدوا المدينة بسبب (اللافا) حفظت كما هي تماماً منذ نزول هذه الكارثة منذ ألفي عام.

العلماء يقولون: إن السبب الرئيس لنزول غضب الله وعذابه -والعياذ بالله- انتشار الظلم في المجتمع، فإذا انتشر الظلم كان سبباً لنزول العذاب.

﴿وَمَا كُنَّا مُهْلِكِي ٱلْقُرَىٰ إِلَّا وَأَهْلُهَا ظَٰلِمُونَ﴾.

ابن تيمية رَضِيَ اللهُ عَنهُ فهم هذه القاعدة، فقال جملة رائعة، فقال: (إن الله يقيم الدولة العادلة، وإن كانت كافرة، ويخسف بالدولة الظالمة، وإن كانت مسلمة) فالمعيار في الدنيا هو العدل، الدين -أصلاً- جاء لإقامة العدل، فإذا أقام الكفار العدل أقامهم الله سبحانه وتعالى،

وإذا انتشــر الظلــم في المسلمــين خسف اللّه بهــم سبحانه وتعالى، والعيـاذ باللّه.

جثث الأموات محفوظة، كما هي عند اندلاع البركان

شكراً إبليس

- شكراً إبليس؛ لأنك علمتني قبح الكبر والعناد، فحوارك مع الله سبحانه وإصرارك على عدم السجود لآدم، أظهر لي كم أن العناد هو ضرب من ضروب الغباء! ترى الله يا إبليس أمامك، وتكلمه دون ترجمان، ثم عندما يأمرك أن تسجد لآدم تأخذك العزة بالإثم، وتبدأ بالتبرير والتحليل القبيح! فبأي منطق استنتجت أن النار خير من الطين، لتمتنع عن السجود، وأنت تعلم أن الذي خلقهما (النار والطين) هو الذي يأمرك بالسجود!! ولكنه العناد الأعمى.. فشكراً..

- شكراً إبليس، لأنك علمتني مدى حلم الله وكرمه.. فعلى الرغم من جحودك إلا أنك عندما طلبت من الله المهلة: ﴿ قَالَ أَنظِرْنِي إِلَىٰ يَوْمِ يُبْعَثُونَ ﴾ أمهلك الله كما تريد: ﴿ قَالَ إِنَّكَ مِنَ ٱلْمُنظَرِينَ ﴾ فيا لكرم الله وحلمه وصبره..

- شكراً إبليس؛ لأنك علمتني أن هناك من سيستخدم الدين، ويستخدم اسم الله في الاحتيال على الناس، فحين أقسمت بالله كذباً لتغوي آدم وحواء: ﴿ وَقَاسَمَهُمَآ إِنِّي لَكُمَا لَمِنَ ٱلنَّاصِحِينَ ﴾ تعلمت أنه ليس كل من يقسم صادقاً، وليس كل من ينصح أميناً، فعلمتني الحذر في التعامل مع الناس، فشكراً لك..

- شكراً إبليس؛ لأنك علمتني الحذر من أن أغتر بعبادتي! فبعد أن كنت أنت أقرب عباد الله إلى الله وأكثرهم عبادة، حتى إنه قيل: لا يوجد في الأرض والسماوات موطئ قدم إلا لك فيه سجدة لله تعالى.. فاغتررت بعبادتك، وانتكست والعياذ بالله.. فشكراً لأنك علمتني أن العبادة التي تولد الغرور هي شر يورد إلى الهلاك..

- شكراً إبليس؛ لأنك علمتني أن الحسد يأكل الحسنات أكلاً!! فما معنى عدم سجودك لآدم إلا الحسد الذي أكل قلبك؛ لأن الله قربه، وأمرك بالسجود له، وربما كنت تتمنى أن يأمر الله آدم بالسجود لك لكثرة عبادتك! فشكراً لأنك علمتني ضرر الحسد!

- شكراً إبليس؛ لأني عرفت أن التعري هو واحدة من أكبر غاياتك وأهدافك لإغواء بني آدم!: ﴿ يَٰبَنِيٓ ءَادَمَ لَا يَفْتِنَنَّكُمُ ٱلشَّيْطَٰنُ كَمَآ أَخْرَجَ أَبَوَيْكُم مِّنَ ٱلْجَنَّةِ يَنزِعُ عَنْهُمَا لِبَاسَهُمَا لِيُرِيَهُمَا سَوْءَٰتِهِمَآ ﴾. شكراً لأنك نبهتني أن نزع اللباس وعدم الحياء هما من أكبر وسائلك وأسلحتك لإخراجنا من الجنة!

قائمة الشكر تطول يا إبليس، وعندي طلب أتمنى أن تلبيه لي... ما رأيك أن نتفق على أمر سيكون فيه مصلحتك ومصلحتي؟ تتركني وشأني، فأعبد الله ولا أذنب، ومن ثم أدخل أنا الجنة بإذن الله، وتقل ذنوبك أنت؛ لأنه سيكون قد قلّ عدد من أغويت واحداً، فيخف بذلك عذابك قليلاً؟! وما رأيك لو فعلت ذلك مع كل العباد، فينجو الجميع؟ يعني يا إبليس، أليس من المنطقي أن تتخلى عن عنادك، وتترك

العبـاد وشأنهم، وتستغفر اللّه، فننجو جميعاً تنجو أنت، وننجو نحن؟ أم أن عنادك أعماك عن كل شيء؟

وعلى أي حال، فأنا أعلم أنك حتى لو تركتني وشأني، فلن تنتهي معركتي، ففي داخلي عدو أقوى منك وأقدر على هلاكي ألا وهو نفسي التي بين جنبي! فأسأل اللّه العون على الأعداء في الداخل والخارج.

سهم في قلبك!

كلما نظرت إلى امرأة بشهوة، فاعلم أنك قد أدخلت سهماً في قلبك..

المعادلة بسيطة :

نظـرة = فكـرة = شهـوة = عمـل محـرم أو حسـرة على عدم الاستمتاع بمن رأيت!

تنظر إلـى المرأة، فيبدأ عقلك يعمل ويتخيل! قد يتخيل ما هو تحت العبـاءة... قد يتخيل أنك تقتـرب من المـرأة، وتلمسها!.. قد تتخيل متعة تقبيلها! وهكذا يبدأ العقل في العمل...

فـإذا عمل العقل، واندمـج في هذه الأفكار تنشـأ الشهوة، وهي عبارة عن انفعال القلب والجسم مع ما يدور في العقل من أفكار!

فإذا ثارت الشهوة، فإمّا أن تكون حافزاً على العمل بأن تذهب إلى المرأة وتعاكسها، أو أن تكبت شهوتك، فتصاب بحسرة وبتناقض شديد بيـن رغبة جسدك ومبادئك، وفي كلتـا الحالتين شرٌّ كبيرٌ سواء هممت بالحرام، أم تحسرت على فواته، ففي كلِّ شر، وفي كلِّ مفسدة للقلب!

ثـم إذا قمت تصلي فلا تخشع! وتقرأ القرآن، فلا تدمع! وتشعر بقسـوة غريبـة في قلبـك، ولا تـدري أن كل هذا قد يكون ناشئاً عن استرسال نظرك!

لا تأخذ النظر على أنه أمر محرم من الله، ولكن انظر إلى غض البصـر على أن فيــه راحة لنفسك وبدنك ومصلحتـك! فالتحكم في النظـرة أسهـل بكثير من التحكم في الفكرة، فالأمـر إذا وصل إلى الفكر صعب كبح جماح العقل!

ربمـا في المرحلة الأولى يطلب منك الابتعـاد عن الأماكن التي تكثـر فيها النسـاء، وتجنب المشـاهد المثيـرة في التلفـاز، وتجنب الفيديـوكليب، وستـرى متعة عجيبـة وصفاء روحيّـاً جميلاً إذا واظبت على هذه الحمية مدة شهر! جرب، فلن تخسر شيئاً..

الـكلام أعلاه مجرب، وليس نظريّـاً، فأنا أجـد فرقاً كبيراً جدّاً في روحانيتي، عندمـا أكون متحكماً في نظري، وتحصل لقلبي قسوة إذا أطلقت النظر في أوقات الضعف!

بالمناسبة غض البصر له الفوائد نفسها للمرأة، فالأمر مطلوب من الطرفين..

الحمد لله أن رسولي محمد ﷺ!

أحمد الله تعالى أن رسولي هو محمد! لأنه لو كان أي بشر آخر لما تفهمني، ولما احتواني، ولما قدّر ضعفي! ما أكثر البشر الذين يحكمون عليك، وينتقدونك، وهم لا يعرفون ما تعانيه من صراعات داخلية لا يعلمها إلا الله، صراعات لا يستطيع التعاطف معها إلا الحبيب ﷺ..

قصص الرسول ﷺ مع الشباب المخطئ تدمع العين؛ لامتلائها رحمة نبوية ليس لها مثيل:

يروي لنا ابن عم الرسول ﷺ عبدالله بن العباس ﷺ هذه القصة التي حصلت أيام الحج في مكة المكرمة بين الرسول والفضل ابن العباس:

أردف رسول الله ﷺ الفضل بن عباس يوم النحر خلفه على عجز راحلته، وكان الفضل رجلاً وضيئاً (أي جميل الشكل)، فوقف النبي ﷺ للناس يفتيهم، وأقبلت امرأة من خثعم وضيئة (أي جميلة الشكل) تستفتي رسول الله ﷺ، فطفق الفضل ينظر إليها، وأعجبه حسنها، فوضع رسول الله ﷺ يده على وجه الفضل، فحول الفضل وجهه إلى الشق الآخر، فحول رسول الله ﷺ يده إلى الشق الآخر على وجه الفضل، يصرف وجهه عن النظر!.... فقالت: يا رسول الله، إن

فريضة الله في الحج على عباده، أدركت أبي شيخاً كبيراً، لا يستطيع أن يستوي على الراحلة، فهل يقضي عنه أن أحج عنه؟ قال: (**نعم**)[1].

تأملوا أعزائي، الفضل صحابي ووقت الحج ومع أطهر البشر، ومع ذلك ينظر إلى امرأة!! وانظر إلى وصف عبدالله بن عباس أن المرأة كانت وضيئة ما يعني أنه نظر إليها، ووصفها بالحسن! نعم أعزائي.. الصحابة بشر وفيهم ما في البشر من رغبات وضعف ونزوات، وتأملوا كيف تعامل الرسول ﷺ مع الفضل بكل رفق ولين، فلم يعطه محاضرة طويلة عريضة في الأخلاق ولكنه احتواه وحاول تعديل سلوكه دون زجر وعصبية!

وانظروا إلى رحمته ﷺ مع شارب الخمر:

إن رجلاً كان يُلقَّب حماراً، وكان يهدي لرسول الله ﷺ العكة من السمن والعكة من العسل، فإذا جاء صاحبه يتقاضاه جاء به إلى رسول الله ﷺ فقال: أعطِ هذا ثمن متاعه، فما يزيد النبي ﷺ أن يبتسم، ويأمر به فيعطى، فجيء به إلى رسول الله ﷺ وقد شرب الخمر، فقال رجل: اللهم، العنه ما أكثر ما يؤتى به إلى رسول الله ﷺ، فقال رسول الله ﷺ: «لا تلعنوه، فوالله إنه يحب الله ورسوله»[2].

فعلى الرغم من أن النبي ﷺ أمر بتعزيره لشرب الخمر، ولكنه في الوقت نفسه أثبت حب الله ورسوله لهذا الرجل!! وفي ذلك إشارة

---

(١) أخرجه أحمد (١٦٥/٥ رقم ٣٠٤٢) وأبو يعلى في المسند (٣٣٠/٤ رقم ٢٤٤١).

(٢) أخرجه البخاري (رقم ٦٧٨٠).

ألاّ نحكـم علـى ما فـي قلوب النـاس، فقد يظهر لك شـاب غارق في الذنوب، ولَكنْ في قلبه خير!

ليتني كانت لدي هذه الرحمة عند التعامل مع كل مخطئ.

وليت كل من لهم تعامل مع الشباب أن يقتدوا بالرحمة المهداة إلـى كل شـاب... هذا الرسـول الحبيب ﷺ فأحبـوه؛ لأنه أكثر الناس فهماً لكم ولمشكلاتكم!

الإخلاص

أقـرأ حـاليـاً في كتـاب (قصـة تجاربي مـع الحقيقـة – سيرة المهاتمـا غاندي بقلمـه) وقد جذبني الكتاب منـذ بدايـاته وقليلاً ما يجذبني كتاب بهذا الشكل.. جذب قلبي وروحي وعقلي..

أترككـم مع واحد مـن أروع المقاطع في الكتـاب، حين يتحدث المهـاتمـا غاندي عن وفاة أبيه، الـذي كان غاندي يعتني به هو وعمه في أثناء مرضه:

(كانت الساعة العاشرة والنصف أو الحادية عشرة ليلاً. وكنت أقوم بعملية الدلك. وعرض عليّ عمي أن أكتفي بذلك القدر. فسررت بعرضـه هذا، ومضيت لتوي إلى حجرة النـوم، وكانت زوجتي، زوجتي الغـرة الصغيـرة مستغرقة في النـوم، ولكن كيف تنـام، وأنا هناك؟ لقـد أيقظتها من رقادها. وما هـي إلا دقائق خمس أو ست، حتى قرع الخادم الباب. فأجفلت مذعوراً. وقال الخادم: (انهض أبوك مريض جـدّاً) وكنـت أعرف أنه مريض جدّاً ومن أجـل ذلك حزرت ما الذي عناه تعبير (مريض جدّاً) في تلك اللحظة. ووثبت من الفراش وثباً..

– (ما المسأله؟ قل لي).

– (لقد قضى والدك نحبه).

وهكـذا انتهى كل شيء. لـم يكن في طاقتي أكثر مـن أن أفرك يدي. لقد شعرت بأعظم الخجل والبؤس. وهرعت إلى غرفة أبي. لقد رأيت أنه لو لم تعمني شهوتي البهيمية، إذن لكان في ميسوري أن أوفر على نفسي عذاب الانفصال عن أبي في ساعاته الأخيرة. كان ينبغي أن أكـون إلى جانبه أدلك رجليه، أن يموت بين ذراعي. أما الآن فكان عمي هو الذي فاز بهذا الامتياز.

كان شديـد الإخلاص لأخيه الأكبـر إلى درجـة أكسبته شرف النهوض بعـبء خدماتـه الأخيـرة، وكان والـدي قـد استشعر قرب المنيـة، فأومأ يطلب قلماً وورقةً وكتب: «استعدوا للطقوس الأخيرة» ثـم إنه خلع التميمة عن ذراعه، ونزع عقده الذهبي المرصع بالخرز، وألقاهما جانباً. وبعد لحظة، لفظ نفسه الأخير.

إن العـار الـذي أشـرت إليه في فصـل سابق كان عـار شهوتي الجسدية حتى في تلك الساعة الحرجة، ساعة وفاة والدي التي كانت تتطلب خدمة يقظة. كانت لحظة لم أوفق قط إلى محوها أو نسيانها، ولقـد قلت فـي نفسي دائماً: إنه على الرغم مـن أن إخلاصي لوالدي لم يعرف الحدود، وعلـى الرغم من أني كنت جديراً بأن أضحي بكل شـيء من أجله، فإن ذلك الإخلاص قد وزن، فوجد ناقصاً إلى حد لا يغتفر؛ لأن عقلي كان في اللحظة نفسها في قبض الشبق. من أجل ذلـك اعتبرت نفسـي دائماً زوجـاً شهوانياً على الرغم مـن أني زوج مخلص. وقد احتجت إلى زمـان طويل لأتحرر من أصفاد الشهوة، وكان عليّ أن أجتاز تجارب عدّة قبل أن أتغلب عليها.

ملعونة هي الشهرة

الشهرة تفقدك خصوصيتك في الحياة، فلا تذهب إلى مطعم أو مطار أو أي مكان عام إلا ويبدأ الناس في الغمز واللمز.. (انظروا إلى لبسه، أرأيتم كيف يأكل، شوفوا كيف يعجب بنفسه، لماذا لم يحلق ذقنه.. شكله أطول في التلفاز... إلخ) فلا تخرج من المكان إلا وقد تم عصرك من فوقك لتحتك، بل وعصر من معك أيضاً من أصدقاء وأهل، فالأنظار الثاقبة عليك أينما ذهبت، ملعونة هي الشهرة.

يلتف حولك الأصدقاء، أصدقاء تعتقد أنهم يحبونك، ويحترمونك لشخصك، ثم تفاجأ عند أقرب اختبار أنهم أول المهاجمين وأول التاركين، بل أول المتهمين والمحقرين، فإذا هم أشباه أصدقاء، فليتهم لم يلتفوا حولي، وليتهم تركوني وحدي، لم أعد أعرف الصديق من المستغل، المخلص من المنافق، ملعونة هي الشهرة.

تيسر لك الأمور في كل مكان، في المطار تُعطى أولوية في الانتظار، في الفنادق تفتح لك الغرف بعد أن كان الفندق ممتلئاً، ولا توجد به أماكن، في الجوازات تيسر لك المعاملات! الساذج يعتقد أن كل هذه التسهيلات هي لأنك مميز أو لأنك محبوب.. وما هي إلا لأنك مشهور، شهرة خادعة كاذبة، ملعونة هي الشهرة.

يكثر حولك القيل والقال، تكثر حولك الافتراءات.. يكثر الحاسدون، ويكثر المغتابون.. فيصبح لحمك أشهى لحم لدى الناس ينهشونه كل يوم متى شاؤوا.. وما عرفوا أنك يا مشهور، إنسان مثلك مثل باقي البشر، تشعر وتحزن وتتألم عندما يتحدث الناس عنك بالسوء، ملعونة هي الشهرة.

يقابلونك، فيقولون كم أنت عظيم، ثم يخرجون من عندك، فيقولون: كم هو حقير، يجلسون معك فيشكرونك ويجلسون مع غيرك فيذمونك.. ملعونة هي الشهرة.

يكثر التمجيد والتعظيم، فتحسب أنك من خيرة البشر لا لشيء إلا أنك تظهر على شاشة فضية صغيرة، قد تكون من أحقر الناس، فيعاملك الناس على أنك كامل مكمل، لا تشوبك شائبة، ولا تقترف ذنباً، ولا ترتكب خطأ، ونسوا أو تناسوا أنك من بني آدم وكل بني آدم خطاء، فإذا أخطأت عظموا الخطأ وكبروه وضخموه، وكأنك ارتكبت كبيرة من الكبائر، ولم يغفروا لك هفوتك، بل ثبتوها ووصموك بالمنافق المخادع، شهرة ترفع إلى السماء، ثم تهوي بالإنسان إلى الأرض، ملعونة هي الشهرة.

أخيراً -فقط- بدأت أعذر، وأتفهم الشيخ عائض القرني عندما قرر الانسحاب من الحياة العامة؛ لكثرة القيل والقال عليه ولكثرة الهجوم عليه بسبب ودون سبب، هذا وهو العالم الفذ الرائع الشيخ

عائض القرني، فماذا أقول لنفسي، وأنا لم أصل لذرة من علم الشيخ عائض، ولا لـذرة من إيمان الشيخ عائض، ولا لذرة من صبره وحلمه وخبرته في الحياة... ملعونة هي الشهرة.

كل مـن حولـي سـراب... سراب خـادع... يدعي حبـي وصدق مودتي... فأين هم وقت شدتي... وكأنهم ما كانوا حولي إلا لشهرتي... ملعونة هي شهرتي..

يلهـث النـاس وراء الشهـرة، ووالله مـا عرفـوا أسـرارهـا ولا مآسيهـا... يدفع الناس الغالي والثمين من أجلها، وما هي إلا وهم... ما هي إلا خدعـة... اسألوني أنا عن الشهرة... اسألوني، وسأقول... ملعونة هي الشهرة.

العناد

مـرت ثلاثة عشر عامـاً منذ بـدأت أبحث عن الحقيقة، ومنذ بدأ اهتمامـي بالتقرب إلـى الله.. مرت ثلاثة عشر عامـاً، وأنا أبحث عن الكمـال! أبحث عن الوسيلة التي تجعلني لا أرتكب ذنباً أبداً! وقد كنت خلال هـذه المدة شديداً على نفسي، أقسو عليهـا كلما أذنبت، وكلما أخطـأت.. فعشت حياة متأرجحة بيـن القرب من الله تارة، ثم الفتور والبعد عنه تارة أخرى، بَدَأْتَ أخيراً تلوح لي بعض الأفكار، خلاصتها..

تأملـت قصة آدم عليه السلام، فقـد أُدخل الجنة، وعنده زوجة جميلـة، وقيل له: استمتع بـكل ما عندك، نعـم، كل النعيم في الجنة باستثنـاء شجرة واحدة! تأملـوا! آدم نبي، ويؤمن بـالله، بل هو من أقـرب العباد إلـى الله؛ لأنه كان فـي الجنة؛ ولأنـه أول إنسان يخلقه الله بيـده، وزيادة علـى ذلك لم تكن عنـده أي تكاليف ولا محرمات! كلـه أمر واحد فقط: هذه الشجرة لا تقربهـا! ولك كل ما سوى ذلك! أعتقد أنه عقد جميل ورهيب بين ربنا وآدم أليس كذلك؟ أحياناً أفكر (بغروري البشري) أني لو كنت مكان آدم عليـه السلام لما عصيت الله وأكلت من الشجرة! ثم أعود أفكر، أتأمل حالي، فأرى أني أضعف مـن هذا، وأني كنـت سأضعف في الجنة وآكل مـن الشجرة وأعصي الله؛ لأنـي بشر! فقـد قال رسول الله ﷺ عني وعنكم أجمعين: «كل بنـي آدم خطاء وخيـر الخطائين التوابون»! ومن هذا التأمل تفكرت

في الفرق بين آدم وإبليس، حيـث إن كليهما عصى الله! فما الفرق؟ وجدت الفرق في كلمة واحدة: العناد!! الفرق بين آدم وإبليس هو أن إبليـس أخطـأ، ثم عاند ربه، بينما آدم أخطأ ثـم ندم وتاب إلى ربه!! إذن المشكلة ليست في الذنب وإنما فيما بعد الذنب!! فالذنب حاصل حاصـل.. والخطأ حاصل حاصل... فمن ندم بعد ذنبه فهو أقرب إلى آدم، ومن عاند وأصر بعد ذنبه فهو أقرب إلى إبليس!

اقـرأ هذا الحديث، واسمح لعينك أن تدمـع على حالها، وتدمع من هذا العطف الإلهي:

«إنـي والجـن والإنس في نبأ عظيم، أخلُقُ ويُعْبَدُ غيري، أرزق ويُشكـر سواي. خيـري إلى العباد نازل وشرَّهم إلـيَّ صاعد. أتحبّب إليهـم بنعمـي وأنـا الغنيّ عنهـم، ويتبغضـون إلـيَّ بالمعاصي، وهم أفقـر شـيء إلـيَّ. من أقبل إلـيَّ تلقيته من بعيد، ومـن أعرض عني ناديته مـن قريب، ومـن ترك لأجلي أعطيته فوق المزيد»[1].

إن الله لا يريد منا الكمال، ولكنه يريد منا الاستمرار في البحث عن الكمال! هو لا يريد منا ألّا نعصيه أبداً، ولكن يريدنا إذا عصيناه أن نعود فوراً، وأن نستمر في البحث عن وسيلة للإقلاع عن المعصية! وهذا هو الجهاد.

____

(١) أخرجه البيهقي في شعب الإيمان (رقم٤٢٤٣) والطبراني في مسند الشاميين (رقم ٩٧٤).

تأمـل هذا النوع من الجهاد كلما قـرأت كلمة جهاد في القرآن، فـلا يذهب بالك فقط لجهـاد الحرب، فجهاد النفس أكبر وأعظم، وهو داخل في معنـى آيات الجهاد في سبيل الله.. فجهاد النفس جهاد في سبيل الله.. وإياك والعناد؛ فإنه مهلك!

أين تهرب؟

كان هنـاك رجل يريـد التخلص مـن ظلـه.. يقول: إن هذا الظل أزعجني، ثم أخذ يجري بأقصى سرعة.. يجري ويجري لعله يبتعد عن ظلـه لكن دون فائدة، فما كان منه إلا أن أخذ عصا كبيرة، وبدأ يعارك الظل، ويحـاول أن يضربه لعل الظل يخاف، فيهـرب منه.. ولكن أيضاً دون فائدة، وبقي الظل معه، وهكذا بقيت حياة الرجل طوال ستين عاماً! كلما جاء الظل في النهار بدأ يهرب منه، ثم بدأ يعاركه دون فائدة..

مـا رأيك في هذا الرجل؟ مجنون؟ غبي؟ متخلف؟

مـا بالنـا نقلد هـذا الرجل يوميّـاً في حياتنـا في تعاملنا مع المشـكلات؟ لاحظـوا.. عندمـا تعترض حيـاة أحدنا مشكلـة، فإما أن يحـاول الهرب والابتعـاد، سواء بالهروب من المـكان أو بالهروب الفكـري، بأن نتجـه للتدخين أو المخدرات أو الكحـول أو الجنس في محاولـة منـا للهروب مـن المشكلة.. ولكـن سرعان مـا نكتشف أننا على الرغم من الهـروب فالمشكلـة ما زالت موجودة (ورانا ورانا!!)، وأحيانـاً نحـاول معاركـة المشكلـة ومحاربتهـا بالعنـف والصراخ والغضب.. فنكتشف بعد مدة أننا لم نعالج شيئاً!

مـا رأيك فينا؟ هل نحـن مجانين؟ أغبياء؟ متخلفون؟ أم أننا جاهلون لهذه الحقيقة اليومية في حياتنا؟

نعود للرجل صاحب الظل لنعرض عليه حلولاً أخرى غير الهروب أو العراك! أقترح عليك يا صاحب الظل، أحد الأمور الآتية:

١- ألاّ تقــاوم الظل، وأن تنتظر حتــى يأتي المساء، فيذهب وحده دون جهد منك!! وهكـذا كثير من المشــكلات إذا تركناها (لم نهرب منها، ولكن تركناها فقط) قد تحل مع مرور الوقت!!

٢- أن تنظر للظل على أنه طبيعة في الحياة، وأنه ليس مشكلة في حد ذاته، ومن ثـم إذا غيرت نظرتك له زالـت المشكلة، وهكذا كثير من الأمور في حياتنا هي مشكلات؛ لأننا نحن جعلناها مشكلات، ولكنهـا في الحقيقة جزء من الحياة، وليست مشكلة! تعامل بعض الناس لك بشــكل سيئ ليس مشــكلـة في حد ذاتـه، ولكنه طبيعة في هذه الدنيــا، لن تنتهي، فلماذا لا تحاول أن تنظر إليه على أنه طبيعة في الحياة، وليس مشكلة، فتتقبله كما هو، فتزول المشكلة!

٣- أن تنظـر للظل ليس على أنه طبيعة في الحياة فحسب، ولكن على أن فيــه فائدة لك، فظـل الشــجرة يفيدك في الحـر وظل العمارة قـد يظلـل سيارتك فيقيها مـن الحر، وهكذا كثير ممـا يظهر لنا أنـه مشكلات في حياتنـا، هو في الحقيقة نِعَمٌ مـن الله علينا في ظل المنظومة الكبرى في الحياة! فلولا سيئ الخلق لما أتيحت لك الفرصــة أن تمارس الصبر والحلم؛ فتكسـب الأجر من الله بغير حساب: ﴿إِنَّمَا يُوَفَّى ٱلصَّٰبِرُونَ أَجْرَهُم بِغَيْرِ حِسَابٍ﴾ فمن دون مشكلات

لا يوجـد صبر ودون صبر لا يوجـد أجـر! أرأيت كيف أنها منظومة بديعة ابتدعها الله لنا، وهي كاملة على وضعها الحالي، وأي تغيير فيهـا ينقص من كمالها، فالذي تـراه أنت نقص، هو في الحقيقة كمال، ضمن الرؤية الكبرى للحياة..

يـا صاحب الظل، احمد الله على الظل، ويـا صاحب المصيبة، احمـد الله علـى المصيبـة، ويـا صاحـب المشكلة، احمـد الله على المشكلـة، فالظل والمصيبة والمشكلة من نعـم الله لمن كان له قلب يدرك به حقائق الأمور..

سيرة الرسول ﷺ
حب أم كره؟ قسوة أم رحمة؟

يعترض عليَّ بعض الناس لتركيزي على جوانب الرحمة والحب والرفق واللين في سيرة الرسول ﷺ ويرسلون لي رسائل فيها أحاديث واستشهادات من السيرة تدل على غضب وقسوة منه ﷺ ويسألون: لماذا لا تستشهد بقصص الشدة والقسوة، وتقصر أحاديثك على قصص الرحمة؟

وردّي على هذه الرسائل موجود في كتاب (هدي السيرة النبوية في التغيير الاجتماعي) للكاتبة حنان اللحام.. ففي هذا الكتاب شخصية الرسول ﷺ التي فهمتها، والتي أحببتها، والتي تعلق قلبي بها، وهذا هو الرسول الذي حبَّبني في الله وفي الإسلام.

كل ما يمكنني قوله هو أن السر في نجاح الرسول، والسر في اعتناق الناس الإسلام في عهده أمران أساسيان: حبه لهداية الخلق وإحساسه أنه مسؤول عن إيصال الرسالة، إضافة إلى تواضعه مع خلق الله أجمعين كفاراً كانوا أو مسلمين إلا في حالات قليلة ونادرة، كالتي يذكرها بعضهم في أحاديثهم، وهي حالات من الظلم أن نعممها على شخصيته ﷺ، أو أن نزعم أنها كانت منهجه الدائم على مدى ٢٣ سنة من حياته النبوية.

فسيـرة الحبيب ﷺ.. فيهـا مواقف من الحـزم والشدة، ولكن مواقـف العفـو والرفق واللين أكثـر بأضعاف أضعاف المرات، فيها مواقـف القتـل والجهاد، ولكن مواقـف السلم والحرص على النفس البشريـة أضعـاف أضعـاف ذلك، فيها مواقـف الغضب لله، ولكن مواقف الحب لله والحلم أضعاف أضعاف ذلك..

فمن أراد أن يستشهد بالشدة وجد الأدلة، ومن أراد أن يستشهد باللين والرفـق وجد الأدلة، ويبقى السـؤال أي المنهجين هو الأكثر؟ أي المنهجيـن هو الذي يمثل شخصيته؟ إخوانـي وأخواتي، إن الذي يغضب بضع مرات خـلال ٢٣ سنة، فإن خلقه الأصلي والقاعدة لديه هي الحلم...وهكذا كان حبيبنا ﷺ.

فـإذا كان لك صديق حليم صبـور، وتعرفه مدة ٢٠ سنة، ورأيت أنـه غضب مرتين أو ثلاث مـرات خلال ٢٠ سنة، هل مـن العدل أن تعمم هذه الثلاث غضبات على شخصيته وعلى حياته وعلى منهجه؟

وفـي النهايـة يجب أن نعلم أن لـكل مقام مقـالاً، وليتنا نغضب علـى ما كان فعلاً يغضب الرسول ﷺ، ونحلم على ما كان يحلم عنه الرسـول!.. ولكـن بعضنا يعكس الآيـة، فيغضب عند وجوب الحلم، ويحلم عند وجوب الغضب، ومرد ذلك يرجع إلى عدم تشرب بعضهم شخصية الرسول ﷺ بالكامل، فما درس إلا الغزوات والحروب، وكان هـذا كل علمه عـن مسيرة ٢٣ سنـة من حياة الرسول ﷺ ونسي أو تناسى الرسول الإنسان!

إن أردت أن ألخص حيـاة الرسـول ﷺ بكلمـة، فسألخصهـا بـ: الرحمة.

نعم، كان رحمـة، وهكذا وصفه ربه: ﴿وَمَآ أَرْسَلْنَٰكَ إِلَّا رَحْمَةً لِّلْعَٰلَمِينَ﴾. كان رحمـة ليس للمسلمين فقـط، وإنما للعالمين، الإنس والجـن، المسلمين والكفـار، المشركيـن والمنافقيـن، المحسنين والمقصرين.

صلى الله عليك يا حبيبنا وقدوتنا ومعلمنا.

خواطر للفكر

خطب جمعة
للقرن الواحد والعشرين

إذا جمعنا كل خطب الجمعة التي تقام في يوم واحد فقط في كل أنحاء العالم، وأردنا أن نستمع إليها، فسنحتاج إلى خمس عشرة سنة متواصلة، ١٥ سنة كاملة لسماع خطب الجمعة في يوم واحد فقط!... خطبة الجمعة فرصة رائعة للنهضة بالأمة، ولحل مشكلات الشباب ولمعالجة الهموم اليومية للناس... فهل أحسنا استغلالها؟!

إن الوضع المتدني للأمة اليوم أزعم أن من أسبابه الهبوط الكبير في دور خطب الجمعة، حتى أصبحت لا تسمن، ولا تغني من جوع (إلا من رحم ربي).

بعض الاقتراحات لجعل خطبة الجمعة أكثر تأثيراً، خاصة في فئة الشباب:

١- لا للورق! بمجرد أن يبدأ الخطيب يقرأ من ورقة فقد كثيراً من اهتمام المصلين وفقد تركيزهم، فأرجو من الأئمة أن يستغنوا عن الورق، وألا يقرأ الخطيب من ورق. وإذا كان لا بد فبإمكانهم أن يأخذوا معهم بعض الأوراق الصغيرة التي فيها رؤوس أقلام، وفيها بعض الأحاديث والآيات.

٢- أن تتحـدث الخطبـة عن مشكلات الحي، بحيـث يصبح المسجد نـواة لإصلاح الحي، فمثلاً: إذا كان هنـاك حي تكثر فيه حوادث السيارات، فعلى خطيب الجمعة أن يبادر إلى عمل حملة في الحي للتقليل من الحوادث.

٣- ان تتحـول الخطـب إلـى أمـور عمليـة خـلال الأسبـوع يطبقها المصلون. فمثلاً إذا تحدث الإمام عن الصدق، فيقول للمصلين: خـلال هـذا الأسبوع عندكم واجـب أن تكتبوا عـدد المرات التي كذبتـم فيها، ولو كانت كذبة بيضـاء، وتضع هدفاً، بحيث تحسن الصورة الأسبوعية، فتتحـول خطبة الجمعة من مجرد كلام إلى أمر عملي يطبقونه خلال الأسبوع لتحسين حياتهم.

٤- أتمنـى مـن خطباء المسـاجد أن يحضـروا دورات في فن الإلقاء، فالإلقـاء له فنـون، وله أسـاليب، فيمكن للخطيب أن يتعلم أمورا بسيطة جـدًّا، فيتحول أسلوبه من أسلوب رتيـب ممل إلى أسلوب شائق مؤثر جدًّا في المصلين.

٥- مـا المانـع من أن يكون هنـاك استخدام لأسلوب أدوات العرض الحديثة؟ أنا سألت عدداً من العلماء، وقالوا لي: لا يوجد أي بأس شرعـي فـي أن يأتي الإمام فـي خطبة الجمعة ومعـه مثلاً (لاب تـوب، ويكون هناك بلازما سكرين) يعرض عليه نقاط الخطبة الرئيسة، ولا يوجـد أي بأس في أن يعرض بعض اللقطات وبعض الصور التى تقوي من تأثير موضوع خطبته في المصلين!

نريد خطب جمعة يأتي إليها الناس ليس فقط لأن صلاة الجمعة فرض! نريد خطب جمعة يأتي إليها الشباب لأنهم منجذبون إلى الخطبة، ولأنهم يشعرون بأن هذه الخطبة -فعلاً- تؤثر في حياتهم اليومية، ولا يوجد مانع من أن تصبح صلاة الجمعة وخطب الجمعة مؤثرة في الشباب أكثر من تأثير الأفلام والمسلسلات التى يرونها في (التلفاز) وبعض الناس قد يقول: إن هذه معادلة غير عادلة، كيف تقارن بين الأفلام وخطب الجمعة؟ أقول: لا يوجد أي مانع من هذه المقارنة، فالرسول ﷺ جذب الصحابة من كل متع الدنيا التى كانت لديهم، جذبهم وحببهم في خطبه، فأصبحوا يأتون إليه، ويفضلون كلامه على كل متع الدنيا من خمور ونساء وجلسات، وأصدقاء، أصبحوا يتركون كل هذه الأشياء، ويأتون إليه ﷺ رغبة في الاستماع إليه، وهكذا نتمنى أن تصبح خطب الجمعة.

أدعو الله سبحانه وتعالى أولاً، أن يأخذ خطباء المساجد هذه الخاطرة مني بصدر رحب.. ثانياً، أدعو الله سبحانه وتعالى أن يعينهم على ما هم فيه من مسؤولية ضخمة في الأمة الإسلامية، وأن يجعل خطبهم سبباً مباشراً في إصلاح الشباب والشابات بإذن الله تعالى.

وأد القرن الواحد والعشرين

جـاء رجـل إلى عمر بـن الخطاب أمير المؤمنيـن ﷺ يشكو إليـه عقوق ولده، فأمر عمـر ﷺ بإحضار الولد، ثم قـال له: لماذا تعصي أبـاك؟ فقال الولد: يا أميـر المؤمنين، أليـس للأبناء حقوق على الآبـاء؟ فقـال: بلى، على الأب أن يحسن اختيار الأم، ويجب على الأب أن يحسـن اختيـار الاسم، وعليه أن يعلم ولـده القرآن، ثم ذكر له عـدداً من الحقوق. فقال الابن: يا أمير المؤمنين، إن أبي لم يفعل شيئـاً من ذلك!! فإن أمي (كذا وكـذا) وقد سماني جُعَلاً. يعني اسماً مـن أسمـاء الحشرات. ولم يعلمنـي من القرآن آيـة!! فنظر عمر بن الخطاب غاضباً إلى الأب، وقال: جئتني تشكو إليّ عقوق ولدك، وقد عققته قبل أن يعقك.. وقد أسأت إليه قبل أن يسيء إليك؟!

يقول الرسول ﷺ: «برُّوا آباءكم تبرَّكم أبناؤكم» [1].

فقبـل أن نطالب الأولاد أن يكونوا بارّين بالآباء، هناك مسؤولية علـى الآباء والأمهات أن يعينـوا أولادهم، يعني أنا أحمد الله سبحانه وتعالى أن عنـدي أبـاً أعاننـي على برّه. أنـا أحيانـاً أفكر لـو كان أبي –والعياذ بالله– سكيـراً، أو كان يضربني. ماذا سيكون حالي؟ لذلك فأنـا أحزن حزناً شديداً جـدّاً عندما أرى آباء يضربون أولادهم لحد

---

(١) رواه الطبراني في الأوسط (رقم ١٠٠٢). قال المناوي في فيض القدير (٢٠٠/٣): قال المنذري: إسناده حسن.

الإيذاء، وأحزن حزناً شديداً جداً، عندما أرى آباء وأمهات يحرمون أولادهم من النفقة، ويعذبونهم في البيت، ويحبسونهم، فكيف تريدون من الأبناء أن يبروكم، وقد عققتموهم قبل أن يعقوكم، كما قال عمر ﵁.

يقول الله سبحانه وتعالى: ﴿وَإِذَا ٱلۡمَوۡءُۥدَةُ سُئِلَتۡ﴾.

جاء الإسلام، وحرم وأد البنات، وإذا كان في قريش من ١٤٠٠ سنة هناك وأد جسدي للبنات، فاليوم في القرن الواحد والعشرين هناك وأد نفسي للبنات، هناك آباء يئدون بناتهم أحياء... يمنعها من أن تكمل دراستها الجامعية... يحبسها في البيت، يزوجها من رجل هي لا تريده... وأد... وأد... وأد!

وهذا الظلم سيسأل عنه يوم القيامة أمام الله سبحانه وتعالى، حيث سيكون هناك آباء وأمهات يقفون أمام الله سبحانه وتعالى ليحاسبهم، ثم يقتص منهم على ما فعلوا في أبنائهم وبناتهم والعياذ بالله.

كان الرسول ﷺ في مجلس، وكان يُقبّل الحسن والحسين ﵄ فدخل عليه أعرابي، فقال: أتقبلون أولادكم؟ أنا عندي من هؤلاء تسعة لم أقبل أحداً منهم قط - ويقولها - وكأنه يفتخر بهذه الغلظة - فماذا قال له نبي الرحمة؟ قال: «أو أملك لك أن نزع الله من قلبك الرحمة»[1] وفي رواية: «من لا يرحم لا يرحم»[2].

---

(١) أخرجه البخاري (رقم ٥٩٩٨) ومسلم (رقم ٢٣١٧).
(٢) أخرجه البخاري (رقم ٥٩٩٧) ومسلم (رقم ٢٣١٨).

نحن اليوم نرى الآباء جالسين يضعون رجلاً على رجل، ويتوقعون أن يدخل عليهم الأبناء، ويقبلوا رأسهم وأيديهم، وهذا أمر لا شيء فيه؛ لأنه من حقهم، ولكن كيف كان يتعامل الرسول ﷺ مع أولاده.

عندما كانت فاطمة تدخل عليه، كان يقف ﷺ ويقول: (**مرحباً بابنتي**)[1] ويقبلها على جبينها، هو الذي كان يقوم ﷺ! انظروا إلى بر الأب بابنته!

أدعو الله سبحانه وتعالى أن نستشعر مسؤولية التربية، وأن نستشعر مسؤولية الأولاد، وأن نستشعر أن كل ما نقوم به من أعمال تجاه أولادنا سيظهر في جيل المستقبل وفي المجتمع، فإن كان خيراً فخير، وإن كان شراً فشر، والعياذ بالله تعالى.

---

[1] أخرجه البخاري (رقم ٣٦٢٣) ومسلم (رقم ٢٤٥٠).

جيل الخدم

كثير من الأهالي هذه الأيام يشتكون من عقوق الأولاد، ويقولون: إن الأولاد الآن أصبحوا لا يسمعون الكلام، وليس مثل أيام زمان، وأنا أسأل هؤلاء: كيف نستغرب أن الأولاد أصبحوا عاقّين إذا نحن أصبحنا نعتمد بنسبة كبيرة على الخدم في تربية الأولاد؟

الخادمة التي تستيقظ مع الولد.. وهي التي تحضر له الأكل.. وهي التي تذهب به إلى المدرسة، وهي التي تساعده على النوم، ثم بعد ذلك نجد أن الأولاد لا يسمعون كلام الأهل، وهذا أمر طبيعي!! لأنهم لم يتربوا على يد الوالدين، أتمنى من كل أب وأم أن يفكر كل منهم ألف مرة قبل أن يتركوا أولادهم مع الخدم.

أرجو أيضاً أن نفرق بين الخادمة والمربية، يعني في أمريكا تعبير Babysitter «جليسة أطفال» يعني تجلس مع الأولاد.. بمعنى أن تخصصها الأولاد، وليس لها علاقة بالبيت. إن أغلبية العمالة الموجودة عندنا في الخليج هم من فئة العمالة المنزلية، يعني شغلتهم المساعدة في أعمال البيت فليسوا مؤهلين لتربية الأولاد أو الجلوس معهم..

لنا القمصاني (مدرسة إنجليزي تدرّس في رياض أطفال) تقول: إن نسبة الأولاد الذين يحضرون إلى المدرسة مع الخدم، وليس مع الأمهات ٥٠٪ تقريباً.

ألا تستغربـون عندمـا تذهبـون إلـى الملاهي في لنـدن مثلاً؛ وتجـدون أن أولاد الغـرب مـع الأم والأب، بينمـا أولاد العـرب مـع الخادمات!

هناك قصة جميلـة تروى عن الرسول ﷺ، حيث إنه مر يومـاً على فاطمة وعلـيّ ﵉ ووجدهما نائمين والحسن ولدهمـا -حفيد الرسول- كان يبكـي، ويطلـب الطعام، فذهـب الرسول -بكل بسـاطة- إلـى غنمة موجودة في فناء المنزل، فحلبها وأعطى الحليب للحسن. عندما قرأت هـذه القصة تأملتها، ووقفـت عندها كثيراً.. يعني الرسول ﷺ على عظمته ومكانته مـا شغله همّ الأمة الإسلامية.. أو همّ الدعوة عن رعايته لـلأولاد.. لم يوقظ فاطمة أو يزعجهـا، بل ذهب بـكل بساطة وتواضع وسقـى الحسـن ﵁!! في كلامنا عـن الخدم يجـب أن نوضح أن الأب لـه دور كبير فـي تربية الأولاد والبنات، وليس فقـط واجب هذا الأم، بل ينبغي أن تكون العناية، ويكون التركيز من كليهما..

الأهم فالمهم

الدكتور يوسف القرضاوي له جملة رائعة يقول: «إن من الخيانة لأمتنا اليوم أن نغرقها في بحر من الجدل في مسائل الفروع.. مسائل اختلف فيها السابقون، وتنازع فيها اللاحقون ولا أمل أن يتفق فيها المعاصرون، في حين ننسى مشكلات الأمة الكبرى والعظيمة التي تؤثر في مستقبلها الفعلي»، الذي يتكلم عنه الدكتور يوسف القرضاوي هو ما يسمى بفقه الأولويات.

ما يقوله الدكتور يوسف بشكل عملي هو أننا إذا شغلنا شباب الأمة بأمور مثل:

- حكم سماع الأغاني هل حلال أم حرام؟
- هل إطلاق اللحية واجب أم سنة؟
- نتف الحواجب هل هو حرام أم مكروه؟
- تقصير الثوب هل هو واجب أم سنة؟

فلن يكون هناك وقت لشغلها بالأساسيات، مثل:

- أهمية القراءة والعلم.
- أهمية القضاء على الرشوة.
- أهمية إتقان العمل.
- الخشوع في الصلاة.
- الإخلاص.

فالمعنى بشكل صريح أننا نرتكب جريمة عندما نتحدث عن الأغاني وحكمها في الوقت الذي يذبح فيه المسلمون في كل مكان، وتنتشر الرشوة في كل الأرجاء، والشباب ليس لديهم أهداف ولا طموح، كل هذا يحصل ثم نأتي ونشغل الناس في حكم الأغاني!

ليس معنى كلامي أني أُحِلّ الأغاني أو أحرمها، فهذا ليس من تخصصي، ولكن معنى الكلام أنه ليس من المنطقي أن تأتي لشخص يوشك على الموت، ويريد أن تنقذه من الهلاك، فتأتي بكل برود وتقول له: يا أخي، يوجد وسخ على ثوبك يجب أن تنظفه أولاً!

أيضاً من ضمن فقه الأولويات في رمضان تعاملنا مع القرآن الكريم.. يعني أيهما خير؟ أن تختم القرآن دون تدبر أم تقرأ آية واحدة، ولكن بتدبر.

ابن القيم يجيب عن هذا الأمر، فيقول:

«قراءة آية بتفكر وتدبر خير من ختمة بغير تدبر، فهي أنفع للقلب وأدعى لحصول الإيمان وتذوق حلاوة القرآن».

ولذلك قال أحد العلماء: «ينبغي أن يكون دأب الصالحين في رمضان كم مرة يتأثر قلبي بالقرآن، وليس كم مرة أختم القرآن».

❈

ماذا صدرنا للعالم؟!

٥٣

نحـن المسلمين نتباهى بين الأمـم بأننا خلفاء الله في الأرض، وبأننـا أصحـاب الرسـالة الخاتمة، وهـذا صحيح، ولكن لـديّ سؤال صريـح جدّاً، وأتمنى منكم أن تجيبوا عنه إجابة صريحة أيضاً: ماذا قدمنا للبشرية أخيراً؟ لأننا خلفاء الله في الأرض، فماذا قدمنا لهذه الأرض في آخر مئـة عام؟ أنـا لا أتكلم عن الصـادرات الأرضية... بتـرول... فوسفـات... ذهـب... إلـخ... هذه أمور أعطانـا إياها الله سبحانـه وتعالى، ثم نحن فقط استخرجناها من الأرض، وصدرناها للغـرب!! أنا أتحدث عـن... أفكار... اختراعات... أمـور فكرية... علمية يستخدمها العالم كله، وهي من صنع أيدينا؟!

فكـرت في هذا الأمر مطولاً وبصراحة وجدت أننا صدرنا ثلاثة أمـور للبشريـة آخر مئة عام، هذه الأمور كانت مـن صنع أيدينا ومن اختراعنا.

المنتج الأول:

الذي صدرنـاه هو الشيشة، صدرنا بلا فخر الشيشة إلى العالم الغربـي، وإلـى العالم أجمع، الآن لا أجد دولـة غربية إلا وفيها محالّ للشيشـة بل إن الغربيين عندما يأتون إلى بلادنا يتهافتون على محالّ الشيشة، ويسمونها (الهبلي بابلي) .

المنتج الثاني:

الذي صدرناه هو الرقص الشرقي، تجد الآن معاهد الرقص الشرقي بلا فخر منتشرة في كل بلاد الغرب، حتى إن الغربيات الآن تفوقن على العربيات في الرقص الشرقي، وتجد أن الغربيات تأتين إلى البلاد العربية لتعلم الرقص الشرقي، ونجد في بعض البلاد العربية انتشار الروسيات وغيرهن من الجنسيات التي أجادت الرقص الشرقي الذي صدرناه لهم بلا فخر!

بلغ عدد المدارس التي أقيمت في العالم للرقص الشرقي ‑عياذاً بالله‑ خلال الـ ٣٠ عاماً أكثر من ٥٠٠ مدرسة لتعليم الرقص.

المنتج الثالث:

ما يسمى بـ (الأربك كوزين) صدرنا الأكل اللبناني والمغربي والأكل الإيراني، فتجد هذه المطاعم منتشرة في الغرب، والغربيون يحبون هذا النوع من الأكل، ويتهافتون عليه، وهو من صنع أيدينا أيضاً بلا فخر!

والله إن الأمر لمحزن ومُبْكٍ، فبعد أن قدمنا إلى العالم كتاب القانون، وهو واحد من أعظم كتب الطب على الإطلاق، حيث كان المرجع الأساس للغرب على مدى ٦٠٠ عام، كتبه ابن سينا رحمه الله، وبعد أن قدمنا نظريات ابن الهيثم في البصريات، حتى إن دائرة المعارف الإنجليزية سمته رائد علم البصريات بعد بطليموس، وبعد

أن قدمنا جابر بن حيان الذي اخترع الورق غير القابل للاحتراق والاشتعال، وبعد أن قدمنا الخوارزمي أول من استخدم الصفر في الحساب، والآن الصفر لا يستغنى عنه، كل هذه الأمور قدمناها للبشرية، ثم ينتهي بنا الحال إلى الشيشة والأكل والرقص والمساخر!

● قال لي الدكتور طارق السويدان كلمة رائعة:

«أنا لست مسؤولاً عن تخلف العرب! هذا تخلف أنا ولدت فيه، وهو تخلف عمره مئات السنين، وأنا بدوري –الدكتور طارق يتحدث– أحاول أن أصلح من نفسي، وأصلح من عائلتي، وأصلح ممن حولي، وأتطلع إلى مستقبل أفضل».

وأنا أقول للشباب والشابات اليوم: أنتم لستم مسؤولين عن تخلف العرب اليوم، ولا أحد له الحق أن يلوم شباب وشابات اليوم عن تخلف العرب! هذا تخلف نحن ولدنا فيه، ولكن شباب وشابات اليوم هم المسؤولون عن مصير الأمة بعد ٢٥ عاماً!.. يعني وضع الأمة الإسلامية عام ٢٠٣٠ سيحدده شباب اليوم.

لذلك نرى الدكتور طارق السويدان قد وضع هدفاً له يذكره دائماً، يقول: إنه بحلول عام ٢٠٣٠ تستطيع الأمة الإسلامية أن تقارع الحضارات في العالم، وأن تصبح حضارة ذات بصمة مميزة علميّاً وفكريّاً في العالم أجمع.

بإذن الله عام ٢٠٣٠ سنرى الأمة الإسلامية أمة عزيزة وسنرى بصمتها في العلم والفكر والتكنولجيا والاختراعات وفي كل مجال بإذنه تعالى.

فتاوى غريبة عجيبة

سئل الشيخ: ما حكم لبس القبعة؟

فأفتى قائلاً: إن القبعة التي تحمل لها مظلة لا تجوز؛ لأنها تشبه بالكفار.

صدرت فتوى أخيراً تحرم الإنترنت على المرأة!

وعللت سبب ذلك التحريم بسبب «خبث طوية المرأة» وأضافت الفتــوى أنه لا يجــوز للمرأة فتــح الإنترنت إلا بحضــور محرم مدرك لطبيعة المرأة!

صدرت فتوى بتحريم شراء الزهـور للمريض في المستشفيات بحجة تقليد الغرب والتشبه بالكفار!

أحـب أن أوضح أمــراً قبل أن أعلق على هـذه الفتاوى، أنا لست عالمــاً، ولست مفتياً، ولست مؤهــلاً للفتوى.. أنا مجرد إنسان عادي، ولكنه يريد أن يقتدي بتلاميذ أبي حنيفة النعمان، فمجلس الإمام أبي حنيفة النعمان، كان عبارة عن حوار ونقاش بينه وبين تلاميذه، فإذا كان هنــاك قضية للنقاش كان يطرحها للتلامیـذ، ويقولون رأيهم.. فأحياناً يقتنـع برأيهم، وأحياناً يقتنعون برأيه، فكان عبارة عن حوار بين الأستاذ وتلميذه.

لذلـك أرجو أن تسمحوا لي بأن أعلـق على هذه الفتاوى... فمن وجهـة نظر كثير من الشبـاب هذه الفتاوى التي فيهـا توسيع الحرام وتضييق الحلال على الناس لها واحد من أثرين:

الأثـر الأول: إما أن الشـاب سيقتنع بهذه الفتـاوى، فينغلق عن المجتمـع؛ لأنـه بالنسبـة إليـه أصبح كل شـيء حرامـاً، فيبتعد عن المجتمع، وتصبح هذه بذرة من بذور الإرهاب الذي نراه؛ لأنه عندما يكفر كل الناس، ويعتقد أن كل شيء حرام سيذهب، فيقتل المسلمين بحجة الجهاد.

الأثـر الثاني: عكسي، حيث تؤدي بعض هـذه الفتاوى إلى تنفير الناس مـن الدين؛ لأنهم سيجدون أن هـذه الفتاوى غير عملية وغير منطقيـة، وبعيدة كل البعد عن الواقع، وهذا سيؤدي إلى حدوث فجوة كبيرة بين بعض العلماء وبين الشباب!

وهنـا أحـب أن أستشهد بكلام رائـع جدّاً لشيخـي وشيخ الأمة الشيـخ محمد الغزالي -رحمه اللّه- حيث يقـول كلاماً رائعاً في هذا الموضوع:

«إن انتشار الكفر في العالم يحمل نصف أوزاره متدينون بغضوا اللّه إلـى خلقه بسوء صنيعهم وسوء كلامهـم!» يعني أن انتشار الكفر والمعاصـي والفسق الذي نراه في العالم يتحمل مسؤوليته طائفة من رجال الدين ليسوا على مستوى الدعوة إلى اللّه.. إذن الغزالي يقول:

إن بعـض النـاس متدينـون، ولكنهم قـد يكرهـون النـاس فـي الدين، بسبب أفعالهم وكلامهم، وقد يكره الشباب الاستماع إليهم أصلاً.

الدكتــور يوسف القرضاوي له كلام جميل جـدّاً فـي الأمور التي ينبغي أن يراعيها المفتي قبل أن يصدر فتواه، وذكر نقاطاً عدة أذكر لكم ثلاثاً منها:

• النقطـة الأولـى: يجـب على المفتـي أن يختـار الأيسر وليس الأحوط:

يعنـي إذا كان أمـام المفتـي أمـران، فيجـب أن يختـار الأيسر للناس.. وإذا أراد هـو أن يتبـع الأحوط، فهـذا أمر يعـود إليه، لكن عندما يفتي ينبغي أن يفتي بالأيسر.

هناك قصة لأحـد الصحابة كان عنده جـرح، فنام، واستيقظ لصلاة الفجر، فوجد نفسه جنباً، فأراد أن يتيمم خوفاً على نفسه من تفاقـم الجرح، فبعض الناس أفتـوه، وقالوا له: لا يجوز لك أن تتيمم، ويجـب أن تغتسل، فاغتسل، فمات رضي الله عنه فلمـا سمع الرسول ﷺ إذا لم يعلموا فإنما الحادثة قال: **«قتلوه قتلهم الله ألا سألوا، إذ لم يعلموا، فإنما شفاء العِيِّ السؤال إنما كان يكفيه أن يتيمم»** [1] يعني لماذا لم يسألوا بدل أن يفتوه فتوى تؤدي إلى هلاكه وهناك الكثير من الفتاوى إلى اليوم تؤدي إلى هلاك الشباب مع الأسف.

____

(١) أخرجه أبو داود (رقم ٣٣٦٠).

● النقطة الثانية: وجوب مراعاة الزمان والمكان:

الإمـام الشافعي -رحمة الله عليـه- كانت له فتاوى في العراق، فعندمـا ذهب إلى مصر غيّر فتاواه في المسائل نفسها. وقال العلماء إن تغييـر الشافعي للفتوى لم يكن تغير دليل وبرهان، وإنما كان لتغيُّر الزمان والمكان!

● الأمر الثالث: الحذر من كلمة الإجماع:

بعـض النـاس يتوسعون فـي كلمة الإجمـاع، وأنا سمعـت كثيراً من المفتيـن يقولون: أجمعت الأمة على شيء معيـن، وعندما أراجع فـي الكتب أجـد أن هذه المسألة التي قيل: فيها إجمـاع الأمة، فيها اختلافات بيـن الصحابة وبيـن المذاهب الأربعـة، فالدكتور يوسف القرضاوي يحذر من استخدام كلمة إجماع بإفراط، ويقول: إن الأمـور التـي فيها إجماع والتي أجمعت عليها الأمة من أولها إلى آخرها أمور قليلة جدًّا.

أطلـب من كل الأسـاتـذة وكل المشايـخ وكل المفتيـن في الأمة الإسلاميـة أن يفكروا قبل أن يفتوا؛ لأن في فتواهم تأثيراً في الناس، خاصة فئة الشباب، وأتمنى أن يراعوا الظروف الاجتماعية والظروف الاقتصاديـة والظـروف السياسية التـي نحن فيها قبـل أن يصدروا فتاواهـم، وأسأل الله سبحانه وتعالى أن يعينهم على ما هم فيه، وأن يكونوا ذخراً ونصراً للإسلام والمسلمين.

أدب وإتيكيت الحرب

«أنزعت منك الرحمة يا بلال»[1]

بعد انتصار المسلمين في غزوة خيبر ذهب بلال، وأخذ اثنتين من سبايا اليهود (امرأتين) ومرّ بهما على قتلى اليهود، فرأت إحداهما المنظر، حيث رأت إخوانها وأباها ميتين فصاحت، وحثّت على وجهها التراب، وتأثرت، وبكت، وكان رسول الله ﷺ يشاهد المنظر من بعيد، فلم يعجبه الحال؛ فذهب إلى بلال، وقال له: أنزعت منك الرحمة يا بلال، حيث تمرّ بامرأتين على قتلى رجالهما؟

انظروا إلى هذا الأدب الرفيع جدّاً، وإلى هذه الرقة في المشاعر عند الرسول ﷺ، احترام مشاعر يهوديتين لمجرد أن بلالاً مرّ بهما، أمام قتلى اليهود، وقارنوا بين هذا وما يحصل في بعض الدول العربية مع الأسف باسم الجهاد، وباسم القتال وباسم الإسلام والمسلمين.

أود أن أسأل كل القراء، كل من قرأ سيرة الرسول ﷺ وتعرف إلى شخصيته: بالله عليكم لو كان الرسول ﷺ بيننا اليوم، ورأى المناظر التي نراها اليوم في التلفاز، من إرهاب وقطع رؤوس الأبرياء، ماذا كان سيقول؟ هل كان سيفرح، ويهلل، ويكبر أم كان سيقول كما قال لبلال: أنزعت منك الرحمة؟ .. هل كان سيكبر

---

(١) السيرة النبوية لابن هشام (٣٠٧/٤).

ويهلل، ويفرح أم كان سيقول كما قال لخالد ﷺ عندما قتل بعض الأسرى في إحدى المعارك، وهو سيف الله المسلول، رفع الرسول يده إلى السماء، وقال: «**اللهم إني أبرأ إليك مما صنع خالد، اللهم، إني أبرأ إليك مما صنع خالد**»[1].

أيضاً من القصص العجيبة في الحرب قصة فتح سمرقند، وهي قصة طويلة، لكن خلاصتها: أن قتيبة بن مسلم، وهو أحد أعظم المجاهدين المسلمين، دخل سمرقند غدراً، فقد اتفق مع أحد أهل سمرقند أن يفتح له الباب ودخل هو وجنوده، وفوجئ أهل سمرقند بالمسلمين، وقد سيطروا على المدينة، مرت أيام وشهور، ثم بعث الكهنة – غير المسلمين – في سمرقند إلى الخليفة عمر بن عبدالعزيز يشكون إليه أن فتح سمرقند لم يكن عادلاً، وكان غدراً، فأمر عمر بن عبدالعزيز أن تقام محكمة للقضاء في مشروعية دخول المسلمين إلى سمرقند! وفعلاً أقيمت المحكمة في المسجد، وتأملوا الآن الموقف!.. المسلمون استولوا على المدينة، وسيطروا عليها وهناك حاكم مسلم يتولى أمرها وانتهى الأمر، ومع ذلك تقام محكمة ويأتي القاضي ويأتي الكهنة في سمرقند ويأتي الحاكم المسلم، فيسأل القاضي الكهنة: ما شكواكم؟ فيقولون: دخل المسلمون علينا غدراً، فيسأل القاضي حاكم المسلمين ويقول له: ما رأيك فيما قالوا؟ فيقول: لا، لم ندخلها غدراً، فيسأله القاضي، قائلاً: هل خيَّرتم أهل

____

(١) أخرجه البخاري (رقم ٤٣٣٩ و٧١٨٩).

سمرقند بين الإسلام والجزية والقتال، وهو القانون المعروف في الجهاد عند المسلمين، فتعجب حاكم المسلمين، وقال: لا، فقال القاضي: فإني أحكم أن دخول المسلمين إلى سمرقند باطل وغير جائز شرعاً، وأحكم على جنود المسلمين أن يخرجوا من سمرقند كما دخلوها، وفعلاً مضت ساعات، وإذا بالجنود المسلمين ينسحبون من المدينة تنفيذاً للحكم، وخرج المسلمون من المدينة، فارتجت المدينة بالتهليل والتكبير، فقد أسلم أهلها تأثراً بهذا الموقف الذي لا أعتقد أن له مثيلاً في التاريخ البشري!

لاشك أن بعض الناس سيقول: إن الكفار يعاملوننا هكذا، فلماذا لا نعاملهم مثل معاملتهم لنا حتى يكون بيننا مساواة؟

وردِّي على ذلك يأتي من قصة سريعة لأبي بكر الصديق ﷺ حيث جاؤوا له برأس أحد قواد الكفار، فاستغرب، وتعجب، وقال: ما هذا؟ قالوا: هم يفعلون ذلك بقوادنا، يعني أن الكفار يقطعون رؤوس قوادنا، فنحن نعاملهم بالمثل، وقطعنا رأس هذا القائد، فغضب أبوبكر الصديق، وقال: «أتستنون بفارس والروم؟» يعني هل تقلدون الفرس والروم؟ ونهاهم عن هذا العمل المخالف لتعاليم الإسلام والمسلمين.

فانظروا كيف تكون ردّة فعل المسلم مبنية على مبادئه، وليس على مبادئ غيره.

شوية حشمة

بعض دعاة تحرير المرأة يحاولون أن يصوروا لنا أن الحجاب هـو أمـر استحدثـه الإسـلام، كمـا يحاولـون أن يصوروا لنـا أن فيه احتقـاراً للمـرأة، وفيه امتهان لها، والمحزن المبكـي أن بعض هؤلاء النـاس الذين يدعون هذه الأقاويـل هم من المسلمين والمسلمـات مع الأسف الشديد.

صور نساء الغرب في القرن العشرين:

أنقل لكم بعض مقولات جاءت في بعض مقاطع من الإنجيل، وهي تتحدث، عن الحجاب، وهذا الكلام مفيد جدّاً لكل من له أصدقاء من النصارى أو اليهود في حواراتكم معهم تستطيعون أن تستشهدوا بها.

مقاطع البايبل:

1 Corinthians 11:

If a woman does not cover her head. she should have her hair cut off; and if it is a disgrace for a woman to have her hair cut or shaved off. she should cover her head

1 Timothy 2:

9I also want women to dress modestly with decency and propriety. not with braided hair or gold or pearls or expensive clothes. 10but with good deeds. appropriate for women who profess to worship God

فهذا كله كلام ليس من المسلمين بل من اليهود والنصارى.

وهو مفيد جدّاً عند حوارنا معهم، ويدل على أن موضوع الحشمة وموضوع الحجاب ليسا من الموضوعات المستحدثة من المسلمين فقط، وإنما هما من الفطرة، ونجد في هذه المقاطع أن شريعة الإسلام رحيمة مقارنة بالشرائع الأخرى في هذه المسألة، حيث لم يرد في القرآن الوعيد الشديد المستخدم في الإنجيل على من لم يلتزم بهذا الأمر.

ومما يؤسف له أن بعض نساء الخليج اليوم، عندما تدخل الطائرة تذهب إلى الحمام لخلع العباية، ثم ترتدي ملابس غير مناسبة، ولسان حالها يقول: الحمدلله أنني تخلصت من العباءة! هذا في الوقت الذي تمنع فيه نساء مسلمات من الحجاب! ففي إحدى الدول الإسلامية خبر من بضعة أشهر: منع الطالبات المحجبات من دخول الجامعة.. إذاً أختي في الخليج وفي الدول العربية التى يسمح فيها بالحجاب دون مشكلات هذه من أكبر النعم التى ينبغي أن تحمدي الله عليها، إنه إذا أردت أن تحتشمي، وأردت أن تلبسي الحجاب فلا أحد يمنعك، بل بالعكس يشجعونك عليه.

سؤالي لكل بنت وأخت تلبس (مايوه) أو (لوو ويست) أو تلبس (كت) أنا لن أدخل في أمور الحلال والحرام فهذه عند الفقهاء، ولن أدخل في أمور الجنة والنار، فهذه عند الله سبحانه وتعالى، يحاسب

مــن يشــاء ولكن ســؤالي هــو: إذا كان الحبيب عليــه الصلاة والسلام موجــود أمامك اليوم هــل يمكن أن تلبســي الملابــس التــي تلبسينها اليــوم، إن كل ما نطلبه هو مجرد حياء! الرسول ﷺ يقول: «**لكل دين خلق وخلق الإسلام الحياء**»[1]. المطلوب أن الإنسان فقط يستحي.

أود أن أهنــئ، وأشكــر، وأقــدر كل المسلمــات اللاتــي ارتدين الحجــاب على الرغم من الصعوبات الاجتماعية والنفسية التي كانت تحيط بهن، أنا أعرف بناتاً تحجبن على الرغم من أن الأهل يحاربون ذلــك، وأعرف زوجات تحجبن علــى الرغم من أن الــزوج يفضل أن تخرج زوجته، وهي (مزلبطة) اعذروني على التعبير!

أيضــاً كل الشكر والتقدير والاحتــرام للفنانات اللاتي تحجبن.. هؤلاء الفنانات عندهن كل نعم الدنيا التي تتمناها المرأة من شهرة.. وجمــال.. ومال.. وأولاد.. وطلعات.. وبسطات.. وكل ما تتمناه المرأة موجــود، ومع ذلك خرجن من هذا الجو من أجل إرضاء الله سبحانه وتعالى، فرسالة تحية واحترام وتقدير وإعجاب لكنّ وأنتن قدوة.

نسأل الله لهن الثبات
ونسأله سبحانه أن يرزق شباب الأمة الإسلامية وشاباتها خلق
الحياء إنه على ذلك قدير.

---

(١) موطأ مالك (رقم ١٦٧٨).

على طريق الالتزام

يقول ﷺ: «إن هذا الدين متين، فأوغلوا فيه برفق»[1].

مـع الأسف هنـاك كثير من الشباب، وأنا كنـت واحداً منهم لم نوغل في هذا الدين برفق، وإنما تحمسنا ومع الحماس – إضافة إلى أن الواحـد كان يريد أن يعوض تقصيره– أوغلنا، ولكن ليس برفق بل باندفاع وهـذا التوغل في الدين بالاندفاع يـؤدي إلى عواقب وخيمة، وقـد يؤدي إلـى فهم خاطئ للدين؛ لذلك أقدم لكم عصارة تجربتي في طريق الالتزام، سأقدم لكم خمسـة محاذير أتمنى من كل شاب وشابـة يريـدان أن يلتزما الطريـق الصحيح أن يحـذرا منها؛ ليكون التدين وسطيّاً صحيحاً سليماً.

قال ﷺ: «هلك المتنطعون»[2] قالها ثلاثاً، وهم المتشددون.

١- إذا وجدت نفسك بعد تدينك بدأت تفتي من عندك فاحذر.

الفتـوى تحتاج إلـى علـم عميق فـي اللغـة العربية، وفـي فقه الأولويـات، وفقه الواقع والقرآن الكريم والحديث، علوم كثيرة تحتاج إلـى سنين وسنين، ليس كل من قـرأ كتاباً يفتي.. ومن ثم ينبغي على المتدينيـن حديثاً، أن يحذروا من الفتـوى، وكل ما يستطيعون القيام بـه في هذه المرحلة هو أن ينقلـوا كلام العلماء وحتى هذه فيها حذر فينبغي حسن اختيار العلماء.

---

(١) أخرجه أحمد (رقم ١٣٠٧٤).
(٢) أخرجه مسلم (رقم ٢٦٧٠) وأبو داود (رقم ٤٦٠٨).

شروط اختيار العالم الذي تستفتيه:

- أن يكون عنده اطلاع على المذاهب الأربعة: هذه أهم صفة بالنسبة إليّ في اختيار العالم، إذ يجب أن يكون العالم دارساً للمذاهب الأربعة، وهذا يعني أنني لا أريد عالماً حافظاً لمذهب واحد أو جزء واحد من مذهب واحد، فيفتي منه؛ لأن ذلك يضيق على الناس، ويسبب التشدد.

- على العالم أن يكون عنده علم الواقع وفقه الواقع.. وليس من العلماء الذين عندما يتحدثون تشعر بأنهم منفصلون عن الواقع!

«صحبت ابن عمر أربعة وثلاثين شهراً،

فكان كثيراً ما يُسأل، فيقول لا أدري».

٢- إذا وجدت نفسك أنك بدأت تكفر الناس، تقول: هذا كافر وهذا مشرك، وهذا صوفي، وهذا وهابي، وهذا من الإخوان فاحذر.. فالرسول ﷺ يقول: **«إذا قال الرجل لأخيه: يا كافر، فقد باء بها أحدهما»** [١].

ثم لماذا أصلاً المغامرة في مثل هذه الأمور؟ دع هذه الأمور لله سبحانه وتعالى يحكم فيها يوم القيامة.

- قال حكيم:

«أصعب الأمور أن يعرف الإنسان نفسه، وأسهلها أن يعظ غيره».

____
(١) أخرجه البخاري (رقم ٦١٠٣).

٣- إذا لاحظت أنك بعد التزامك بدأت تهمل مظهرك، وتهمل شكلك ولبسك ولحيتك وشعرك فاعلم أن فهمك للدين فيه خلل.

إذا كنت تعتقد أن هذه الأمور هي من الزهد، فهذا خلل، فالله جميل يحب الجمال، ويروى عن الرسول ﷺ أنه كان يهتم بخمسة أمور لا يتركها في حضر ولا في سفر من ضمنها (السواك – المشط – المكحلة، المرآة) وكلها أمور لها علاقة بالجمال، فانظروا إلى حرصه ﷺ حتى إنه ﷺ قبل أن يخرج لأصحابه كان دائماً يجلس أمام المرآة، ويرى نفسه، ويصفف شعره لاهتمامه بمظهره، وعلى هذا فمن المفروض أن يكون الملتزمون خير الناس مظهراً.

قال رسول الله ﷺ: **«عليكم من الأعمال ما تطيقون فوالله لا يمل الله حتى تملوا»** [١].

٤- إذا كان التزامك يجعلك تشعر بأنك خير من باقي الناس، وأنك أصبحت وليّاً من أولياء الله، وأن كل الناس عاصون ومذنبون وهالكون وأنت الناجي فاحذر، إن تدينك مغشوش!

المفروض أن التدين يزيد من التواضع، فكلما زاد تدينك زاد تواضعك، وليس غرورك واحتقار الناس.

أذكر هنا كلمة جميلة لأحد العلماء، حيث يقول: «رب ذنب أورث ذلّاً وانكساراً خير من طاعة أورثت عُجباً واستكباراً»، هذا الكلام

معنـاه أن تقضـي ليلك في ذنـب، ثم تستيقـظ، وقد أحسسـت بالندم والذلـة والانكسـار، وتبكي وتشعـر بأنك أسوأ الناس، وتشعـر بأن كل الناس خير منك، خير من أن تقوم كل الليل في الصلاة، ثم تستيقظ، وتشعر بأنك ضمنت الجنة، وتشعر بأن كل الناس أسوأ منك، وأنت خير منهم وتستكبر عليهم، فاحرص، أن يزيدك تدينك تواضعاً لخلق الله.

قال ﷺ: «إنما بعثت لأتمم مكارم الأخلاق»[1].

٥- إذا وجدت أنك بعد التزامك ساءت أخلاقك فاحذر!..

فما فائدة التدين الذي يسيء الأخلاق؟ لذلك تجد أحد تلامذة الإمام مالك يقول: «صحبت الإمام مالكاً عشرين سنة، فتعلمت العلم منـه في سنة، وتعلمت الأدب في تسع عشـرة سنة!» فالعلم الحقيقي، والتدين الحقيقي، هو الذي ينعكس إيجابيّاً على خلق الإنسان.

---

[1] أخرجه البيهقي في سننه الكبرى (٢٠٥٧١/١٠).

الحرام سهل والحلال صعب

بحسب إحصائيات وزارة التخطيط في السعودية:

- ٣٣٪ من نساء السعودية عانسات.

- يوجد مليون و ٨٠٠ امرأة فوق ٣٠ سنة لم تتزوج بعد.

ظاهرة الشذوذ الجنسي:

يكاد الشذوذ الجنسي يكون ظاهرة في المجتمعات العربية بين الأولاد والبنات على حد سواء.

العادة السرية:

كل من يختلط بالأولاد والبنات يعلم أن العادة السرية تكاد تكون عند أغلب الشباب إلا من رحم ربي.

هذه الظواهر السلبية انتشرت بسبب أننا بوصفنا مجتمعاً خالفنا سنن الله في الكون، فسنة الله في الكون أن الولد يبلغ وعمره ١٥ سنة، وذروة حاجته الطبيعية ١٨ سنة، وهذا علميّاً مثبت، ثم نأتي نحن لنقول له: لا، أنت مازلت صغيراً، ولست مستعدّاً للزواج، فانتظر حتى تتخرج، فإذا تخرج يفاجأ بتكاليف الزواج الباهظة، وإذا لم يساعده الأهل فسوف يضطر إلى العمل حتى يكوّنَ نفسه، وهنا نتساءل: ماذا نتوقع من الشباب أن يفعلوا في العشر سنوات هذه؟ يعني شاب بلغ وعنده كل

الإمكانيـات والطاقات الجسدية، ماذا نتوقع منه أن يفعل؟ قد نقول له: صـم أشغل نفسك بهوايـات، العب كرة قدم، مارس الرياضة كل هذه الأمـور لن تغني عن حاجته الطبيعية التـي وضعها الله سبحانه وتعالى فيه.

هنـاك بعض الناس قـد يعترضون علـى فكرة تزويـج الشباب مبكـراً، ويقولون: إن الذي عمره ١٨ عاماً مـازال صغيراً، وإذا نظرنا إلـى تاريـخ البشرية نجد أنهـم ينظرون لمن وصل إلـى ١٧ سنة على أنه رجـل والمجتمع يعد هـذا الإنسان رجلاً كذلك.. أسامة بن زيد رضي الله عنه سلمـه الرسول ﷺ قيادة الجيش، وهو ابن ١٧ سنة، فأنا أعتقد أننـا نحن الذين جعلنا الذين بلغ عمرهم ١٨ سنة غير ناضجين بعد، وذلك بسبب تدليلنا لهم وعدم تحميلهم المسؤولية في سن صغيرة.. وإذا نظرنا إلـى الغرب نجد أن الذي عمره ١٨ سنة يتحمل مسؤولية، وتجـده يعمل مع الدراسة، وقد يسكن وحده.. كل هذه الأمور هي التي غرسها المجتمع في الشاب ليصبح ناضجاً.

• سألنا الشباب: كم تكلفة الخروج في موعد غرام؟
- فتراوحت الإجابات: من ٢٠٠ إلى ١٥٠٠ ريال!
• ثم سألناهم: كم متوسط تكلفة الزواج؟
- فتراوحت الإجابات من ٥٠ ألفاً إلى مليون ريال!

إذن باختصـار؛ الحـرام أصبح أسهـل.. وأرخـص.. وأسرع.. ومتوافراً.. بينما الحلال أصبح: أصعب.. وأغلى.. وأبطأ.. وأعقد!

فما النتيجة؟

الرسول ﷺ الذي أوتي جوامع الكلم لخصها في جملة واحدة، فقال: «إذا جاءكم من ترضون دينه وخلقه فزوجوه»[1] ولا شك عندي أن الجميع يعرف هذا الحديث ويحفظه، ولكن المشكلة كلها في التطبيق، أيها الإخوة يقول الرسول ﷺ: «إذا جاءكم من ترضون دينه وخلقه فزوجوه إلا تفعلوا» يعني إذا لم تسهلوا الزواج وتيسروا الحلال «تكن فتنة في الأرض وفساد عريض» يعني كل الظواهر هذه، وكل الفساد المنتشر في المجتمع، من أهم أسبابه وفق ما قال الرسول ﷺ أننا لم نسهل الزواج على الشباب والشابات.

إلى الأهل:

أرجو من الأهل أن يسهلوا الزواج على الشباب والبنات... فإذا أحب الشاب فتاة حبّاً شريفاً، فمن الأفضل أن نجمع بينهما بالزواج وهذي ليست نصيحتي بل نصيحة الحبيب ﷺ فقد جاءه رجل، وقال له يا رسول الله، إن عندي يتيمة وقد خطبها موسر ومعدم - يعني جاءها خطيب غني وخطيب فقير - وهي تحب المعدم - يعني تحب الفقير - فقال الرسول ﷺ له: «لم نَرَ للمتحابين مثل النكاح..»[2]. فأثبت الرسول ﷺ أن العلاج للمتحابين بين الأولاد والبنات هو الزواج، وقديماً كانت عندنا عادة

---

(١) أخرجه الترمذي (رقم ١٠٨٥) وقال: هذا حديث حسن غريب، والطبراني في معجمه الأوسط (٧/ ٧٠٧٤) وقال الألباني: حسن لغيره.

(٢) أخرجه ابن ماجه (رقم ١٨٤٧).

جميلة في السعودية أن الأولاد عندما يتزوجون يسكنون في بيت الأهل إلى أن تتحسن الظروف، وينتقل الولد مع زوجته إلى بيت مستقل.. هذه العادة مع الأسف قلَّت كثيراً في مجتمعنا ولا مانع من عودتها مرة ثانية من أجل تسهيل الزواج على الشباب.

إلى البنات :

أتمنى أن تتساهل البنت في طلباتها من حيث المهر والشبكة وقصور الأفراح، وغير ذلك.. وعندما كنت أُحضِّر للحلقة دخلت على كثير من مواقع الإنترنت المختصة بالزواج، فوجدت شروطاً لبعض البنات من حيث القبيلة أو المدينة، وكلها أمور تُصعِّب الحلال على الشباب.

إلى الشباب :

خفِّفوا من طلباتكم وأحلامكم، فالكمال لله، وإن لم يعجبك أمر في امرأة فقد يعجبك فيها أمور أخرى كثيرة، ولا تهتم بالشكل على حساب المضمون والأخلاق.

إلى الحكومات العربية :

أرجو تسهيل الأنظمة الموضوعة للزواج؛ لأن بعض الحكومات تتطلب إذناً من الشخص الذي يرغب في الزواج من جنسية أخرى هذه -أيضاً- من الصعوبات الموجودة على البنات والشباب.

ما أثر عدم تسهيل الزواج على الشباب؟

يجـب أن نتذكر أن تسهيل الزواج على الشباب الصغار يجب أن يأتي معه -أيضاً- تأهيلهم ليصبحوا ناضجين، ويتحملوا المسؤولية، فالأمـر متـوازٍ، بحيث لا نستطيـع أن نطالب بتسهيل الـزواج ومازال هنـاك إهمـال وانعـدام المسؤوليـة في الـزواج، وبذلـك نتسبب في الطـلاق، وهناك تزايد في الطلاق.. من هنا يجـب أن يكون تسهيل الـزواج مع تأهيـل الشباب معاً في وقت واحد؛ حتـى تستقيم الحياة الزوجية.

شبهات حول الإسلام

تعدد الزوجات:

يقولون: إن الإسلام دين ذكوري وشهواني، ويبيح تعدد الزوجات.

نقول: هناك ردود عدة:

الرد الأول: أن الإسلام جاء وحدّد تعدد الزوجات. ولم يفتحه على إطلاقه.

يعني أن الرسول ﷺ. عندما جاء إلى مكة المكرمة وجد مجتمعاً مفتوحاً بالنسبة إلى التعدد، فلم يكن هناك عدد معين، فحدّد الإسلام التعدد بأربع زوجات، ويحرم أكثر من ذلك.

الرد الثاني: في مسألة التعدد يجب أن نرد على النصارى واليهود معاً بأن التعدد مباح في التوراة والإنجيل، وهناك نصوص كثيرة تتحدث عن أنبياء ورجال عدّدوا، ولا يوجد نص صريح في الإنجيل أو التوراة يحرم التعدد، فَلِمَ الاعتراض على الإسلام؟

الرد الثالث: في موضوع التعدد.. أليس من التناقض أن يبيح الغرب العشيقة، ويحرم الزوجة الثانية؟!

ومن القصص الطريفة التي حدثت في إحدى البلاد العربية التي تحرم التعدد، فقد ضبطوا رجلاً في شقته مع زوجته الثانية، فاعتقلوه بتهمة الزواج الثاني، وأحضروه إلى المحكمة.

فالمحامـي كان ذكيّـاً، ودافـع عن المتهم بحجـة أن المرأة التي معـه كانت عشيقته، ولم تكن زوجته، فحكمت المحكمة بالبراءة على هذا الأساس! فانظروا إلى التناقض في التعامل مع مسألة التعدد.

صموئيل الأول ٢٥:

٤٣ (ثُمَّ تَزَوَّجَ دَاوُدُ أَخِينُوعَمَ مِنْ يَزْرَعِيلَ، فَكَانَتَا لَهُ زَوْجَتَيْنِ).

عائشة بين تسع سنوات:

زواج الرسول ﷺ من عائشة ﵂ جعل هناك من المسلمين مَنْ يجـد صعوبة فـي تصور كيف أن الرسول ﷺ تزوج عائشة وعمرها ٩ سنوات.

وهذا أيضاً فيه عدة ردود..

أولاً: أن عائشة ﵂ كانت مخطوبة قبل الرسول ﷺ لرجل من أهل قريش، وهذا يدل على أن عائشة كانت في مجتمع قريش في سن زواج؛ لأنهـا كانت مخطوبة لرجل آخر، ومن ثم لم يكن الرسول هو الذي ابتدع هذا الأمر.

ثانياً: أن أهـل قريـش كانـوا يبحثون عـن أي شـيء ليتهموا الرسول ﷺ فلـو كان هـذا الأمـر معيبـاً لكانـوا أول مـن ينكر على الرسول ﷺ ذلـك، وكانوا قد عيروه بهذا الـزواج، ولكنهم لم يفعلوا! لماذا؟ لأنه كان أمراً عادياً.

ثالثاً: أن البلـوغ في العصر النبوي كان متعارفـاً أن المرأة تبلغ وعمرها ٨ – ٩ سنوات، وعائشة تزوجها الرسول وهي بالغة.

وهنـاك حالات كثيرة جدّاً في أوروبا وفي الهند والصين للزواج المبكر في هذا العصر، وقد كان هذا الأمر مألوفاً جدّاً في عصره.

خـلال القرن التاسع عشـر كان الحد الأدنى لسن الزواج في أغلب الولايات الأمريكية هو ١٠ سنوات.

القانون البريطاني عام ١٩١١، السن المسموح به للزواج كان ١٢ سنة.

الميراث:

يقولون: ليس عندكم عدل في الميراث، فللذكر مثل حظ الأنثيين، وهـذه الحقيقة نظرة جزئية في الميراث.. وللعلـم هناك حالات في الميـراث تحصل فيها المـرأة على نصيب من الميـراث مثل الرجل. وهناك حالات تحصل فيها المرأة على ميراث أكثر من الرجل.

بل إن هناك حالات تحصّل فيها المرأة على ميراث، ولا يحصل الرجل على شيء.

وهذا تفصيله موجود في كتاب جميل جدّاً وصغير جدّاً لمن أراد أن يطلع عليه اسمه (ميراث المرأة وقضية المساواة) للدكتور صلاح الدين سلطان.

وإن الميـراث مبني على منظومة اجتماعيـة معينة، فعندنا في الإسـلام مال المـرأة للمـرأة فقط، فليس عليهـا أن تصرف منه على أحد.. بينمـا مال الرجل في النظام الإسلامي والمنظومة الإسلامية اقتصاديّاً عليه مسؤوليات.. أي يجب عليه أن يصرف على الزوجة.. وعلـى أولاده، ويتحمـل جميـع نفقات بيتـه، وعلى هذا ففي ظل هذه المنظومـة كان من الطبيعي أن يأخذ الرجـل في بعض الحالات أكثر من المرأة.

يقولون: إن الإسلام انتشر بالسيف:

وهو افتراء باطل ليس له أساس من الصحة.

اذهبوا إلى مصر، وتأملوا كيف أن كنائس الأقباط موجودة إلى اليوم مع أن مصر فتحت منذ ١٤٠٠ عام... اذهبوا إلى فلسطين وإلى سوريـا تجدوا الكنائس على حالها... عمـر بن الخطاب رضي الله عنه عندما فتح المقدس رفض الصلاة في الكنيسة لماذا؟ حتى لا يأتي المسلمون من بعده ويحولوا الكنيسة إلى مسجد... الحمد لله لم يكن عندنا في الإسلام محاكم التفتيش التي انتشرت في أوروبا، حيث كانوا يعذبون الناس من أجل تنصيرهم ودخولهم في الديانة المسيحية، ولا يوجد في تاريخنـا -بفضل من الله ومنـة- أن جاء المسلمـون أو أي نظام إسلامي، وقال للشعب: إما أن تسلموا، وإما أن تذبحوا، بالعكس نحن

عندنــا أساس واضح جدًّا في القرآن ليس فيه جدال، قال الله تعالى: ﴿لَآ إِكْرَاهَ فِي ٱلدِّينِ﴾، وقـال الله تعالـى: ﴿فَمَن شَآءَ فَلْيُؤْمِن وَمَن شَآءَ فَلْيَكْفُرْ﴾.

أنا دائمًا أطالب الشباب بأن يفكروا في عقيدتهم، بحيث لا يكون الواحد منهـم مسلماً بالوراثـة؛ لأنه ولد من أبويـن مسلمين وكفى.. ركـز.. ويجب أن نأخـذ العبرة من قصـة إبراهيم -عليـه السلام- عندمـا فكر وقلب الأمـر فيما حوله؟ كي يطمئن قلبـه.. وهناك فرق كبير بين الإيمان الأعمى والإيمان الذي يأتي عن قناعة.

ولا بأس من ذكر كلمـة الراغب الاصفهاني، فهـي جميلة، وقد بينت العلاقة بيـن العقل والشرع.. يقـول: «إن العقل لا يهتـدي إلاّ بالشـرع، وإن الشـرع لا يتبين إلاّ بالعقـل» أي إن الشرع يساعد العقل علـى الهداية، والشرع عندما يأتي كيف نبينـه؟ كيف نفصله ونفهمه ونؤمـن به عن عقلانية وفهم؟ هنـا يأتي دور العقل.. لذلك تجد آيات القرآن مليئة بتعبيرات:

﴿أَفَلَا تَنَفَكَّرُونَ .. أَفَلَا تَعْقِلُونَ .. لَعَلَّهُمْ يَتَذَكَّرُونَ .. إِنَّ فِي ذَلِكَ لَذِكْرَى لِأُوْلِى ٱلْأَلْبَبِ﴾.

فالقـرآن فيه الحوار الـذي ينمي الفكر، اقـرؤوا القرآن تجدوه في كثير من الآيـات يتحاور مع الكافرين، وبذلك يكون قد وضع لنا

قاعدة جيدة للحـوار، ويذكر حججهم في القرآن الكريم، ويحاورهم بكل عقلانية.

أتمنـى أن يصبح إيماننا إيمان اقتناع، وأن يكون إيماننا مبنيّاً علـى العقل بدلاً من أن يكون إيماناً ورثناه عـن آبائنا وأجدادنا، فعن طريق العقل يصبح الإيمان أقوى وأثبت وأعمق.

المنفرون في الأرض

ابـن تيميـة ﵁ حـدد لنا ثلاثة شروط ينبغـي أن تتوافر في كل من يريد أن يأمر بالمعروف، وينهى عن المنكر:

الشرط الأول:

العلم: قصـة حصـلت مع ابن تيميـة نفسـه توضح أهمية العلم: كان يسيـر فـي دمشق ومعـه أصدقاؤه فـرأوا جنود التتار سكرانين – التتار كانو محتلين العراق والشام في ذلك الوقت – فأراد أصدقاء ابن تيميـة ﵁ من باب الأمر بالمعروف والنهي عن المنكر أن ينهوهم عـن الشرب، فنهاهم ابـن تيمية ﵁ وقال لهم: دعوهـم، فإنهم إن استيقظـوا، وأفاقوا قتلوا في المسلمين، فدعوهم في سكرهم أحسن مـن أن يقتلـوا. فانظروا إلى هذا العلم وهذا الفقه الذي يحتاج إليه دائمـاً الآمر بالمعروف والناهي عن المنكر .. لذلك قالوا: من كثر علمـه قل إنكاره، يعني كلما كثر علمك في المذاهب والاختلافات الشرعية وسعة الدين قل إنكارك على الناس.

الشرط الثاني:

الرفق: يقول الرسول ﷺ: «ماكان الرفق في شيء إلا زانه، ولا نـزع مـن شيء إلا شانه» [1]. لذلك يـروى من القصص الطريفة:

____
(١) أخرجه أحمد (٢٥٧٥٠/٦) وصححه الألباني (رقم ٥٦٥٤).

أن هنــاك رجــلاً أراد أن يأمر الخليفة العباسـي المأمون بالمعروف، وينهــاه عن المنكــر، فدخــل المجلس، فأمــره بالمعروف ونهاه عن المنكــر، ولكــن بغلظة، وكان المأمــون حكيماً مطلعاً، فقــال: يا هذا، ارفـق، فإن الله قد أرسل من هو خير منك إلى من هو شر مني وأمره بالرفـق، فقد أرسل موسى وهارون وهما من الأنبياء، وهما خير منك إلى فرعون وهو شر منــي، فقال في القرآن الكريــم: ﴿فَقُولَا لَهُۥ قَوۡلٗا لَّيِّنٗا﴾ فانظــروا أيضاً إلى هــذه الحكمة مــن المأمون، وانظـروا إلى أهمية الرفق.

ملحوظة بسيطة (بعض الجمل التي تستخدم في الأمر بالمعروف والنهي عن المنكر جمل مستفزة، ولا تؤدي الغرض، فمثلاً: من ضمن الجمــل المتكررة دائماً في الأسواق وفي بعض المناطق كلمة: (غطي يامرا) يأتـي الرجل ونيته طيبة، ويريد حشمة المـرأة المسلمة وفيه خيــر وجزاه الله خيــراً، ويقول: (غطـي يامرا) هذه الكلمــة بإجماع النساء تستفزهن، ولا توجد امرأة تحب أن تسمع هذه الكلمة، وتقول: نعــم، سوف أغطي! في هذه الحالــة الهدف سليم والغاية سليمة وهي أننــا نريد من النســاء أن يحتشمن، ولكن الوسيلة تحتاج إلى تعديل «حتى تؤتي أُكلها».

أضـرب لكــم مثلاً بملصق وجدنــاه معلقاً علــى بعض الحيطان دعونــا نرى هذا الملصق الدَّعَوي هـل انطبقت عليه الشروط الثلاثة التي ذكرها ابن تيمية في الأمر بالمعروف والنهي عن المنكر؟

أولاً: الملصق ينقصه علم؛ لأنه حكم على المرأة التي تغطي وجهها بالكامل بأن هذا هو حجاب المرأة المسلمة، بينما المرأة التي تحمل حقيبة، وتظهر عينيها تكون متبرجة، وهنا خلل في الفهم، لماذا؟

الأمر فيه خلاف أنا لن أفتي ولن أقول: غطي وجهك أو لا تغطي وجهك، أنا لست فقيهاً ولكن لو رجعنا إلى كتب الفقه لوجدنا أن موضوع تغطية الوجه خلافي، فهناك من قال: غطوا الوجه، وهناك من قال: إنه يكفي إظهار الوجه والكفين، وإنهما ليسا بعورة، فلأن الأمر فيه خلاف وكما ذكرنا القاعدة: (لا إنكار فيما اختلف فيه)، فالأمر يحتاج إلى بعض العلم، لا ننكر على من تغطي وجهها؛ لأن هناك قولاً مشروعاً، وأيضاً لا ننكر على من تكشف وجهها؛ لأن هناك قولاً مشروعاً.

ثانياً: هل هذا المنشور فيه رفق، يعني إذا رأينا صورة النار وجملة (اختاري لنفسك)، وحكم هذا المنشور على من تحمل الحقيبة، وتبين عينيها أنها ذاهبة إلى النار، وهذا فيه (تألٍّ على الله) من قال لك: هذه من أهل النار أم لا؟

هذه أمور عند الله سبحانه وتعالى، ثم أيضاً قول: اختاري لنفسك الجحيم أو الجنة فيها بعض الاستفزاز للمرأة.

ثالثاً: أيضاً في موضوع الرفق، انظروا للجملة المكتوبة تحت (رسالة خاصة): «أيها الرجل لا تكن ديوثاً، فإن لم تكن رجلاً فتشبّه

بالرجـال»، وأنا أتساءل: هل هذه كلمة فيها حسن الدعوة؟ هل الرجل الـذي سيقرأ هذه الكلمة سيتشجع أم أنـه سيستفز من هذا الملصق ويهمله؟

الشرط الثالث:

الصبـر علـى الأذى: فـكل من يعمل في مجال الدعـوة لا بد أن يهاجـم، وعليـه عندئـذٍ بالصبـر، فالآيـة تقـول: ﴿وَتَوَاصَوْاْ بِٱلْحَقِّ وَتَوَاصَوْاْ بِٱلصَّبْرِ﴾. أي إنه بعد التواصي بالحق، توقع أنه سيكون هناك هجوم، فعليك التواصي بالصبر.

خواطر للتطوير

الثقافة الجنسية عند رسول الله ﷺ

مـع أن الأمـور المتعلقـة بالجنس من أكثـر الأمـور التي تهم الشبـاب والشابـات، وتأخذ حيزاً كبيراً مـن تفكيرهم، مع ذلك نجد أن الذيـن يتكلمون عن هذه الأمور قلائل، ونجـد أن المجتمع العربي مازال متحرجاً من الحديث عن هذه الموضوعات، وهذا التحفظ كان مـن الممكن أن يكون مقبـولاً من ثلاثين أو أربعين سنة، عندما كانت الدنيـا مقفلـة. أما اليوم فإن الولـد الذي عمره ٨ سنيـن يدخل على الإنترنـت، ويدخل على الشات، ويكلـم العالم كله، وممكن يدخل على أي موقـع، ويأخذ أي معلومـة يريدها، وأصبـح الأولاد في هذه السن يتحدثون معك في أمور الجنس!

لذلك، فنحن أمام أمرين: إما أن نتغاضى، ونتغافل عن الحديث عن هـذه الأمور، والنتيجـة أن الشباب والشابـات سيتعلمون الجنس وأمـور الجنس من الغـرب، أو أن نفتح أبواب الحوار الهادئ المحترم معهم، ومناقشة هذا الموضوع الحساس لديهم.

أيضاً الثقافة الجنسية تمتـد أهميتها للمتزوجين، يعني هناك كثير من حالات الطلاق سببها الرئيس هو عدم إشباع أحد الطرفين للآخـر جنسيّاً؛ فتجدهم يتحرجون في الحديث عن الأمر بصراحة ووضوح، فيؤدي ذلك إلى الطلاق.

أيضاً هنـاك العكس، هنـاك أزواج لديهـم مشكلات اجتماعية. ولكن علاقتهم الجنسية في غرفة النوم قوية. فهذه القوة في العلاقة الجنسية، تعوض الخلل الذي لديهم في جوانب أخرى. وتجد الحياة مستمـرة بينهـم، فتكون السعادة فـي غرفة النوم سببـاً للسعادة في الحياة الزوجية بشكل عام.

إذن الأزواج أمـام خيارين أيضاً: إمـا أن يتجاهلوا الحديث عن هذا الموضوع؛ فيبقى أحد الأطراف غير سعيد في زواجه، وقد يؤدي هـذا إلى انهيار الزواج، أو أن يتحدثوا بـكل صراحة وبكل وضوح عن هذه الأمور من أجل إنقاذ زواجهما.

قد يقول بعضهـم: لا يجوز الحديث عن الأمـور الجنسية؛ لأنها أمور شخصية، وردّي على هؤلاء في حديثين.

الرسول ﷺ يقـول: «**إذا جامع أحدكم أهله فليصدقها** (يعني **فليعطهـا حقها**) **ثـم إذا قضى حاجته قبـل أن تقضي حاجتها فلا يعجلها حتى تقضي حاجتها**»[1].

إذن الرسـول ﷺ يتكلم عمـا يسميه الغرب اليـوم «أورجازم» أو «النشوة الجنسية» يتكلم عنها دون حرج منذ أكثر من ١٤٠٠ سنة ﷺ.

أيضاً يقول الرسـول ﷺ: «**لا يقعن أحدكم على امرأته كما تقع البهيمـة، وليكـن بينهما رسـول**»، فالصحابة سألـوا: وما الرسول يا رسول الله؟ فقال: «**القُبلة والكلام**»[2].

---

(١) أخرجه أبو يعلى في مسنده (رقم ٤٢٠١).

(٢) أخرجه أبو منصور الديلمي في مسند الفردوس من حديث أنس، وهو منكر.

ونحـن نسأل: عـمّ يتحـدث الرسول؟ إنـه يتحدث عمّـا يسميه الغـرب Foreplay؛ أي الأعمـال التي تسبـق أو المقدمات التي تسبق العمل الجنسي، وهذه كتب الغرب عنها مجلدات.

والرسـول ﷺ ذكرها منذ أكثر مـن ١٤٠٠ سنة دون حرج. وهو يعلـم أن كلامه سيقرؤه الكبـار والصغار، النسـاء والرجال على حد سواء.

أيضـاً مـن الإحصائيـات الطريفة التـي ذكرهـا الشيخ جاسم المطـوع أنه أحصى -حفظه الله- ٢٧٠٠ قضيـة جنسية موجودة في كتب الفقه الإسلامي القديمـة، إذن لأن الرسول ﷺ، لم يجد جرحاً فـي هذه الأمور، وتحدث عنها التابعون والسلف الصالح. فلماذا لا نفتح الباب مع الشباب والشابات للحديث عن هذه الأمور تحت مظلة الثقافة الجنسية بمعايير إسلامية مثلاً؟

كيف أبدعوا؟

أحياناً نعتقد أن الناجحين إنما نجحوا مصادفة أو أن يكون ورث أحدهم عن أبيه أو أنه لم يجد أي صعوبات في الحياة، وهذا في الحقيقة خطأ كبير، فلا يوجد أي ناجح في هذه الحياة إلا وقد تعرض لصعوبات وتحديات كثيرة استطاع بعزمه - بعد توفيق الله سبحانه وتعالى- أن ينجح.

● **بيتهوفن:** قال أستاذه: إنه لا أمل له في الفن، ثم أصبح واحداً من أعظم الفنانين في تاريخ البشرية، وسيمفونياته إلى اليوم تسمع من قبل ملايين الناس، وقد ألَّف بيتهوفن أعظم سمفونياته، وهو أصم!

«ابدأ والنهاية في البال» ستيفن كوفي

● **ولت ديزني:** طرد من عمله محرراً، وأعلن إفلاسه مرات عدة، قبل أن ينشئ ديزني لاند، وقد وصلت مبيعات ولت ديزني إلى ٣٠ بليون دولار سنوياً.

- **توماس أديسون:** الذي اخترع الكهرباء قال عنه أستاذه: إنه ولد غبي، ولايستطيع أن يتعلم أي شيء.. كل الكهرباء التي ترونها اليوم حولكم هي من اختراع هذا الإنسان.

  «الناجحون في هذه الدنيا أناس بحثوا عن الظروف التي يريدونها، فإذا لم يجدوها وضعوها بأنفسهم» سقراط.

- **آينشتاين:** من أعظم العقول في القرن العشرين لم يتعلم النطق إلا وعمره أربع سنوات، ولم يتعلم القراءة إلا وعمره سبع سنوات، وأستاذه كان يشتكي منه بأنه كان بطيء الفهم غير اجتماعي، ثم أصبح رجلاً من أشهر العلماء وأعظمهم!!

- **تشرشل:** واحد من أعظم قواد بريطانيا، وهو الذي هزم الألمان في الحرب العالمية الثانية، رسب في الصف السادس الابتدائي، ولم يمنعه ذلك من أن يصبح واحداً من أعظم رجالات الحرب في القرن العشرين.

  «لا يوجد فشل إنما تجارب» ستيفن كوفي.

● **بيل جيتس**: أغنى رجل في العالم ترك جامعة هارفرد، وأسس شركة مايكروسفت وعمره ٢٠ سنة، اليوم بيل جيتس دخله ٢٠ مليون دولار يوميّاً... بيل جيتس إذا وزع ١٥ دولاراً على كل بني آدم على وجه الأرض يبقى في ثروته ٥ ملايين دولار من شدة غناه.

«متى كانت آخر مرة تفعل فيها شيئاً أول مرة؟».

● **الشيخ صالح الراجحي**: من أشهر أغنياء المملكة العربية السعودية بدأ حياته من الصفر، فقد كان يشتغل حمّالاً في الصباح، ويبيع مفاتيح وأقفالاً في المساء... اليوم الشيخ صالح الراجحي -ما شاء الله- ثروته تقدر بـ ٣ مليارات دولار.

● **هنري فورد**: بدأ حياته من الصفر، وأعلن إفلاسه خمس مرات قبل أن يؤسس شركة فورد، وهي من أشهر شركات السيارات، وبلغت ثروته بعد ١٥ سنة فقط من إنشاء الشركة بليون دولار.

● **أوبرا وينفري**: صاحبة البرنامج المشهور اغتصبت، وعمرها ٩ سنوات، ولم تمنعها هذه الحادثة الأليمة الصعبة من أن تنجح، وتصبح من أشهر وأغنى الإعلاميات في العالم، وقد قالوا عنها: «إن تأثيرها على الناس وثقافتهم يفوق تأثير جامعة بأكملها، أو من تأثير رئيس الولايات المتحدة نفسه، أو أي قائد ديني باستثناء البابا....».

لا يوجد متميز إلا ولاقى صعوبات وتحديات وإحباطات ليس لها آخر؛ لذلك فإن القاعدة تقول:

المحيط + رد الفعل = النتيجة.

فالنتيجة ليست معتمدة على المحيط فقط، وإنما بالدرجة الأكبر تعتمد على ردة فعلك لهذا المحيط.

ومضات حول التدخين

- علبــة السجائــر في السعودية تقريبـاً تكلف ٦ ريالات، هـذا المبلغ إذا قــررت أن تضعه كل يوم في صنـدوق استثمار بعائد ربح ١٨ ٪ سيصبح لديك بعد ٢٥ سنة فقط مليون ريال سعودي! فالأمر يعود إليكـم إخواني وأخواتي، إمـا أن تصبـح من أصحـاب الملايين أو أنك تقرر إحراق فلوسك كل يوم.

- أنا دخنت ١٣ سنة من حياتي، والآن مرّ ثماني سنوات على إقلاعي، والحمـد للّه، وأعلم تمامـاً الفرق الشاسع بين حياة المدخن وحياة غير المدخن، وإليكم بعض الفوائد لحياة غير المدخن:

١- لا يوجد بلغم عند الاستيقاظ من النوم.

٢- رائحة الفم لا تصبح كريهة.

٣- رائحة ملابس الشخص نفسه لا تصبح كريهة.

٤- لا تتعب بسرعة عند لعب كرة القدم أو أي رياضة أخرى.

٥- مدة المرض بزكام أو غيره تقل إلى النصف، سواء عدد مرات المرض خـلال السنة أو مـدة المرض نفسه. كلهـا تقل بشكل ملحوظ.

٦- على عكس ما يعتقد، فإن التركيز يزيد بعد الإقلاع عن التدخين بمدة.

٧- هناك بعض الدراسات تشير إلى أن القدرة الجنسية تزيد.

٨- بالنسبة إلى النساء، فإن البشرة تتحسن، وتقل آثار السن والكبر.

٩- الأسنان تحافظ على لونها الأبيض.

- في الغرب غير المدخن هو الذي لـه الحق، بينما المدخن ليس له أي حق في الأماكن العامة، تجد في أمريكا مثلاً في أي مكان مغلق ممنوع التدخين فيه.. مطاعم.. فنادق.. مستشفيات.. مطارات.. أي محـل له أربعة جـدران يمنع فيه التدخيـن؛ حفاظاً على حقوق غيـر المدخنين، بينما نجد -مع الأسف- عندنا في البلاد العربية الأمـر معكوس، فالمدخن هو الذي له الحق، ويغضب إذا جاء غير مدخـن، وطلب منه إطفاء السيجارة! آن الأوان لغير المدخنين في العالـم العربي أن يطالبوا بأبسـط حقوقهم، وهذا يبدأ بأن يمنعوا التدخين فـي بيوتهم + سياراتهم + مكاتبهـم.. فهذه هي الخطوة الأولى.

- أمريـكا وصلت لأدنى مستوى لها في نسـب التدخين، مدخن واحد مقابل خمسة غيـر مدخنين، في الوقت الذي نجد أن التدخين في البلاد العربية -مع الأسف- في تزايد.

- أستراليا وضعت هدفاً لها: أن تصبح دولة خالية من التدخين بحلول عام ٢٠٣٠ وأتمنى أن نبدأ بوضع أهداف مثل هذه في البلاد العربية، بـدلاً من أن نصرف مليـارات الدولارات على التدخيـن، ثم نجلس

ونشتكـي بأن أوضاعنا الصحيــة والمادية تعبانـة! ينبغي أن نبادر، فنحــن أولى من أستراليا في هــذا القانون، فالرسول ﷺ يقول: «**لا ضرر ولا ضرار**»[1] يعني لا يحق لك أن تضر نفسك، ولا يحق لك أن تضر غيرك، وهذا مبدأ إسلامي فكيف يطبقه الأستراليون قبلنا؟!

- يوجـد في المملكة العربيــة السعودية ٢٧ عيادة لمكافحة التدخين، وهـي عيادات مجانيـة تصرف عليها وزارة الصحـة؛ فأقترح على المدخنيــن إما زيارة إحدى هذه العيـادات أو البحث في الإنترنت عن أفضل الطرق للإقلاع عن التدخين.

---

(١) أخرجه ابن ماجه (رقم ٢٣٣١) والطبراني في معجمه الكبير (١٣٨٧/٢).

كيف أترك الجدال؟

كلنا يعرف الحديث الـذي يقول: عن أبي أمامة قال: قال رسول الله ﷺ: «أنـا زعيـم بيت في رَبَض الجنة لمن ترك المراء، وإن كان محقّاً، وببيـت فـي وسط الجنة لمن تـرك الكـذب، وإن كان مازحاً، وببيت في أعلى الجنة لمن حسَّن خلقه»[1].

لكن المشكلة هي متى تعرف أن الأمر تحول إلى مراء وجدال وليس مجرد نقاش عادي؟ كيف تعرف متى تستمر في الحوار، ومتى تتوقف؟

هناك مؤشرات أو علامات تدل على أن الأمر تحول إلى جدال، وهي:

١- عندمـا ترتفـع الأصوات فاعلـم أن الأمر تحول إلـى جدال، ومن الأفضل إنهاؤه.

٢- عندمـا يبدأ الكلام فـي التكرار، وتبدأ الحجـج نفسها تقال مرة واثنتين وثلاثـاً فاعلم أنك تدور في حلقـة مفرغة، ومن الأفضل إنهاء الحديث.

٣- عندما يبدأ المتحاورون يقاطع بعضهم بعضاً في الكلام فلا ينهي الشخص كلامه، فهذه من أكبر علامات الجدال، وأن كل شخص فقط يريد أن يقـول ما عنده، وليس لدى أحد استعداد للاستماع إلى الآخر.

---

(١) أخرجه أبو داود (رقم ٤٨٠٠) وحسنه الألباني (رقم ١٤٦٤).

٤- عندمـا يبدأ الكلام يحاول كل طرف أن يدخل في الحديث لإثبات وجهــة نظـره، وليس لفهم وجهـة نظر الآخر، فهذا يـدل على أن الكلام جدال مكروه، وليس حواراً ممدوحاً.

حسنــاً، والآن عندمـا تكتشف أن الأمر تحـول إلى جدال فكيف تخرج من الحوار بأسلوب سلس ومحترم؟ هناك اقتراحات عدة:

١- مــن الممكن أن تذكر الحديث النبـوي أعلاه، وممكن تحول الأمر إلى نكتة، فتقول للشخص مثلاً: «ما رأيك في أن نتوقف ونتقاسم البيت الذي في الجنة مناصفة؟» بهذه الطريقة تخرج من الموقف بأسلوب هادئ ودون أن يظهر أنك تعظ الشخص الذي أمامك.

٢- تقول: متى العشـاء؟ ألن نأكل اليوم؟ في محاولة لتغيير الموضوع بشكل فكاهي خفيف.

٣- أو تقول: خلاص يا سيدي، أنا معك تماماً... إلخ (بأسلوب فكاهي) يظهر منه أنك غير متفق معه، ولكنك أردت أن تنهي الموضوع.

٤- تقول: دعني أستشر المحامي الموكل في أموري، وأرجع لك الخبر في هذا الموضوع غداً.. أيضاً هذه محاولة خفيفة لإنهاء الحديث في الأمر بأسلوب لطيف.

الجدال ليس من خلق المسلم، والرسول ﷺ كان يغضب عندما يـرى الصحابة يتجادلون، ويكفي الثـواب العظيم لمن ترك الجدال؛ لأن الجدال يولد الحساسيات بين الناس، ويسيء غالباً إلى العلاقات.

نحيـي النقاش؛ لأنه يؤدي إلـى الارتقاء، ونرفض المراء؛ لأنه يؤدي إلى البغضاء.. وفي النقـاط السابقة ما يساعدك على التفريق بين الحالتين.

لماذا نقرأ؟

كلنـا نعـرف أن «اقـرأ» هي أول كلمـة نزلت علـى الرسـول ﷺ، وأن القـراءة هي السبيل إلى نهضـة الأمة، وكله كلام محفوظ، ولكن لاحظـت، أن هذا الكلام لا يؤثـر عادة في الشبـاب... فالشاب يريد أن يعـرف: أنا إذا قرأت مـاذا سأستفيد؟ ماذا سأجني أنا شخصيّاً؟ لا أحـب أن أسمع كلامـاً كبيراً... أمـة... ونهضة... هذا كلام جميل، ولكن ماذا سأستفيد؟

دعونـا نحول القراءة إلى أمر عملـي: القراءة هي أفضل وأسرع وسيلة لتحقق أهدافك! أيّاً كانت هذه الأهداف.

تمريـن عملي: اكتب علـى ورقة شيئـاً تريـد أن تحققه خلال شهر، قد تكـون عادة سيئة تريد أن تقلع عنها، أو مهارة جديدة تريد أن تكتسبها، أو فكرة معينة تريد أن تكوّن عنها رأياً معيناً... أو وظيفة تريد أن تحصل عليها.

والآن -وبكل بساطـة- اذهـب إلى أكبـر مكتبة في مدينتك، وابحث عن الكتب التي تتحدث عن هذا الهدف.

كيف تختار الكتاب؟

أربـع طرق أساسية لكي تختار كتابـاً، حتى تتجنب اختيار كتاب لا يناسبك.

١- اسأل أحداً يكون خبيراً في القراءة: ما الكتب المميزة في المجال الـذي اخترتـه؟ وسـوف يذكر لك أسـمـاء أربعـة أو خمسة كتب، وسيختصر عليك الطريق، إن لَمْ يكن هناك خبير متوافر لديك، عندئـذ يمكنك البحث عن طريق الإنترنت لتجد أفضل الكتب في موضوع معين.

٢- اقـرأ جـدول المحتويـات أو الفهرس : فهذا يوضح لـك النقاط المحـددة التي سيتكلم عنها الكتاب، بعـد ذلك تستطيع أن تؤكد هل هذه النقاط مفيدة لي أم لا؟

٣- اقـرأ التمهيد: والتمهيـد مهم جدّاً؛ لأنه يوضـح لك فكر الكاتب، ويعطيك خلاصة الكتاب.

٤- اختـر مقطعاً من الكتاب (نصـف صفحة) واقرأها بالكامل؛ لأنه يمكـن الفهرسـ يعجبك وممكـن التمهيد يعجبك، ولكـن أسلوب الكاتب لا يناسبك فالخطوة الرابعة مهمة حتى يمكن لنا استشعار هذا الأسلوب.

فـإذا توافقت هذه الطرق الأربعة معك فغالبـاً –إن شاء الله– سيكون الكتاب مناسباً.

– قارئ اليوم قائد الغد –

الـمـاء

هل نحن مدركون قيمة نعمة الماء؟

الماء الذي نستخدمه.. للشرب.. للطبخ.. للاستحمام.. للوضوء.. لتنظيف المنزل.. الماء، هل نستشعر قيمة هذه النعمة العظيمة؟

إن الماء أهون موجود وأعز مفقود.

فالماء عندما يكون موجوداً لا نستشعر قيمته، فهو هين علينا، ولكن إذا فقدناه فقد تقام حروب بين الدول بسبب الماء.

وإليكم بعض الأمثلة التي ينبغي لنا الانتباه إليها، وذلك للاقتصاد في استخدام الماء:

الوضوء:

يقول الرسول ﷺ: «يجزي مُدّ للوضوء وصاع للغسل»[1].

فالمُـدّ[2] يكفي للوضوء!!.. فأين الناس اليوم من هذا الحديث، وقد أصبح الوضوء عندنا أقرب للاستحمام، فنفتح الصنبور على الآخر، ونغسل الأعضاء غسلاً بدلاً مـن الوضوء، وقد يقول بعضهم: إن علينا أن نغسل الأعضاء، ونصب الماء عليها صبّاً لكي نحسن

---

(١) الاستيعاب في معرفة الأصحاب، ص: ٣٣٢.

(٢) المُدّ: مكيال قديم اختلف الفقهاء في تقديره بالكيل المصري، فقدّره الشافعية بنصف قدح، وقدّره المالكية بنحو ذلك، وهو رطل ونصف عند أهل الحجاز، وعند أهل العراق رطلان، المعجم الوسيط: ص ٨٩٣.

الوضوء، وهذا مخالف لفعل الرسول ﷺ حيث إنه وصف وضوءه بأنه كان يُدَلِّك يده في أثناء الوضوء، أي يضع الماء القليل، ثم يدلك يده حتى تصل المياه لكامل اليد.

هنــاك فرق بيــن الإسباغ والإســراف، الإسباغ: معنـاه أنك تتم الوضـوء، بحيـث تتأكد أن الماء وصل إلــى كل الأعضاء، وليس معناه أنك تستحم في الوضوء!

إن متوسـط استهلاك الإنسـان المسلم للوضوء يوميّــاً ٢٦ لتراً يعنـي المرة الواحدة في الوضـوء يستهلك تقريباً ٥ لترات يعني ثلاثاً من قوارير الماء الكبيرة «سعة ١.٥ لتر» للمرة الواحدة.

فهذا رسول الله ﷺ عندما مر على سعد ابن أبي وقاص ووجده يتوضــأ، فقـال الرسـول ﷺ: «ما هذا السرف؟»[1] فقـال سعد: أو في الماء سرف يا رسول الله؟ قال: «نعم ولو كنت على نهر جارٍ»!!. يعني المفروض الاقتصاد في الماء بغض النظر أين أنت، فما بالكم ونحن في العالم العربي أغلبنا في أماكن صحراوية الماء فيها شحيح؟

قـال ﷺ: «إن أول ما يُسْأل عنه العبد يوم القيامة من النعيم، أن يقـال: ألـم نصـح لـك جسمك، ونرويـك ونرويـك مـن المـاء البارد؟»[2] ... هـذه دعوة لي ولكم في المرة القادمـة، عندما نفتح الثلاجـة ونخرج منها المـاء البارد، ونشربه، ونـروي ظمأنا، نقع لله ساجدين، ونقول: الحمد لله رب العالمين على هذه النعمة.

____
(١) أخرجه أحمد (رقم ٧٠٥٦) وابن ماجه (رقم ٤١٩).
(٢) أخرجه الترمذي (رقم ٣٣٥٨).

في بعض دول العالم
الثالث هذا هو الماء
المتوفر فقط .

IN SOME THIRD WORLD
COUNTRIES, THIS IS THE ONLY
WATER AVAILABLE

سوبر تربية

التربية الحسنة = القدوة الحسنة..

قصة طريفة حصلت مع غاندي: كان هناك أم عندها ولد يحب أكل الحلوى، وحاولت إقناعه بعدم أكلها بشتى الطرق فلم تستطع، فأخذته إلى غاندي. ولما دخلت على غاندي قالت له: أنا عندي هذا الولد يحب أكل الحلوى، وحاولت منعه فلم أستطع. فنظر غاندي إلى الولد ونظر إلى الأم وقال لها: اذهبي الآن وتعالي بعد شهر. فاستغربت الأم ثم ذهبت وعادت بعد شهر مع الولد، وقالت له: أنا جئتك منذ شهر، وولدي يحب الحلوى كثيراً، فنظر غاندي إلى الولد ثم وضع يده على رأسه وقال له: يا ولدي، أقلع عن أكل الحلوى فهي مضرة لك وسكت! فاستغربت الأم. قالت لغاندي: لماذا لم تقل هذه الجملة من شهر!؟ لماذا جعلتنا ننتظر كل هذا الوقت؟ فقال غاندي: أنا منذ شهر كنت أحب الحلوى، فما كنت أستطيع أن أنصحه وأؤثر فيه طالما أني أقوم بالأمر نفسه.. أما خلال هذا الشهر فقد أقلعت عن الحلوى. ومن ثم فإن نصيحتي له ستكون مؤثرة.

● قاعدة: فاقد الشيء لا يعطيه.

يستحيل أن تكون مدخناً، وتنصح ولدك بترك التدخين.. يستحيل أن تكوني أماً تتأخرين في السهر خارج المنزل، وتتوقعين من بنتك أن تلتزم بالعودة مبكراً إلى المنزل!

التربية المبدعة = عطف + رفق مع الأولاد

إذا لــم يكــن في قلبــك عطــف تجــاه أولادك، فلا يمكن لك أن تحســن تربيتهم، انظروا إلى الرســول ﷺ عندما كان يخطب الناس في المســجد، وبينما هو على المنبر رأى الحسن والحسين وعليهما قميصــان أحمــران وهمــا يعثــران، فمــا استطاع ﷺ أن يتحمل هذا المنظر، فنــزل وحملهما.. انظروا.. الرســول ﷺ وعنده همّ الدعوة وهم الجهاد والغزوات وقريش وعلى الرغم من كل هذه الهموم، فإنها لــم تمنعه مــن أن ينزل ويحمل الحســن والحســين ويحضنهما.. إذا أردتم أن تربوا أولادكم فاعطفوا عليهم، وجربوها المرة القادمة.

إذا رأيــت ولــدك يبكــي أو بنتك تبكي، فقط احملــه وضعه على صدرك.. لا تقل له شيئاً.. فقط احضنه.. اعطف عليه.. لا تقل له: لا تبــكِ أو لماذا تبكي؟ فقط احضنه.. يمكن ٨٠٪ من الأوقات سيتوقف الطفــل عن البكاء.. في كثير مــن الأحيان الأطفال يبكون لأنهم في حاجة إلى عطف وفي حاجة إلى رعاية واهتمام من الأهل.

التربية المبدعة = مهارات تكتسب

بعض الناس -مع الأســف- يعتقد أنه لمجرد أنــه أنجب أولاداً فقــد أصبح مربياً، وهذا خطأ.. أضرب لكم مثلاً تصوروا أن واحداً طــوال حياته لم يعزف على (بيانو). ثم اشترى (بيانو) ووضعه في البيــت، واعتبر نفسه موسيقاراً دون أن يأخذ دروساً في العزف على

البيانـو، ثم بـدأ يعزف ويلخبط! لا شـك أن هذا غيـر منطقي وغير مقبـول. الإنسـان لازم يتعلم دروساً في الموسيقا حتـى يستطيع أن يعـزف، وكذلك الخلفة: ليس لمجرد أنك خلفت أولاداً في البيت أنك أصبحت مربياً، تحتاج إلى أخذ دروس واكتساب مهارات في التربية.

التربيـة مهـارة، وأتمنى مـن الآباء والأمهـات أن يحرصوا على اكتساب هذه المهارة.

التربية المبدعة = الاهتمام بمرحلة ما تحت السبع سنوات

أحد العلماء كان يقـول: أعطِني طفلاً إلى سن سبع سنوات، ثم لا يهم من يأخذه بعد ذلك.

بعض الإحصاءات تقول: إن ٨٠٪ مـن شخصية الإنسان تتكون في سن ما قبل السبع سنوات.

أيـن أطفال العرب؟ هل يقضون هذه الحقبة، مع الأمهات أم مع الخدم؟ مع الآباء أم مع السائقين؟

أمانـة يجـب أن تراعوا هـذه الحقبـة ولا تستصغروا الأولاد.. الأولاد في هذه السن يفهمون.

أنـا لم أفهم هذا المبدأ إلا مع ولدي إبراهيم، عندما كان عمره سنتيـن كنـت آكل شوكولاتة، فأخـذت نصفها وأعطيتـه إياها وقلت: (شـوف أنا قاعد أسويلك إيثار) . مـر أسبوع وكان معه شوكولاتة وهو من نفسـه «شوفوا أعزائي، ولد عمره سنتان فقط» كسر الشوكولاتة

وأعطاني نصفها، وقال: (يا بابا، أنا أسويلك إيثار!) تأملوا هذا ولد عمره سنتان فقط فهم مبدأ عميقاً مثل مبدأ الإيثار.

الأطفال في هذه السن يفهمون ويدركون؛ فاحرصوا على زرع كل المفاهيم الإيجابية في هذه السن الحساسة.

التربية المبدعة لا تساوي الصرف المادي

بعض الناس يعتقد أن حسن التربية تعني الإنفاق المادي، أو أن حسن التربية هو أن تعطي الأولاد أي شيء يطلبونه. إذا ما طلب شيئاً أشتريه له.. يريد سيارة أشتري له سيارة.. مَلَّ من السيارة القديمة، نشتري له سيارة جديدة، كل ما يتمناه يحصل عليه.. وهذا الأسلوب ليس تربية! هناك فرق بين التربية والتدليل! اقتراحي في أمور المال، أولاً: حدد لولدك راتباً شهرياً يناسب سنه. بحيث لا يتعدى ٥٠٠ ريال ٣٠٠ ريال ١٠٠ ريال بحسب السن وبحسب وضعك الاجتماعي والمادي، ويكون هو عارفاً هذا الراتب الذي لن يتعداه.

إذا أراد مبالغ إضافية، فيجب أن يعلم أنه عليه أن يعمل من أجل الحصول على المال.. مهما كان العمل حتى في البيت يغيّر لك اللمبات ينظف الحديقة.. ينظف السيارات.. يدهن الجدار. المهم أن يعتاد منذ الصغر أن هذا المال لا يأتي من فراغ، وأن هذا المال لا يأتي إلا بجهد وتعب، فأصِّلوا هذا المفهوم في الأولاد منذ الصغر.

بألف رجل

أرسـل عمر بن الخطاب ﵁ مدداً لعمرو بن العاص ﵁ وقال: أرسـل لك مدداً قوامه كذا، وفيهم أربعة رجال: الواحد منهم بألف رجل.

هـذا بالأمس القريـب، أما اليـوم فقد تنبأ الرسـول ﷺ بحال الأمـة فقـال يوماً للصحابـة: «يوشك الأمـم أن تداعى عليكم كما تداعى الأكلة على قصعتها»[1] فاستغرب الصحابة، وقالوا: أمن قلة نحـن يومئذٍ يا رسول اللّه؟ قال: «بل كثـرة -يعني أنتم كثير- ولكنكم غثاء كغثاء السيل ينزع اللّه من قلب عدوكم المهابة»، أي لا يهابكم الأعداء.. يستصغرونكم ويحتقرونكم، ويلقي في قلوبكم الوهن، قالو ومـا الوهن يا رسول اللّه؟ قال: «حب الدنيا وكراهة الموت»، حديث معروف، وربما يحفظه كل الناس، ولكن أين تطبيقاته اليوم؟

من يـرى هذا الفرق يقول: يا أخي، أكيـد المسلمون مسيطرون على العالم ألا تـرى هذه الأعداد والفرق الهائل.. أكيـد المسلمون متفوقـون في كل المجـالات: اقتصاديّاً.. عسكريّاً.. فكريّاً.. عدد الاختراعات.. أعداد الكتب كل ما يخطر في بالك من المجالات بناءً على الأعداد سيقول القائل: أكيد المسلمون لهم الغلبة في كل شيء، ولكنهم كما قال الرسول ﷺ عنهم: «غثاء كغثاء السيل».

____

(١) أخرجه أبو داود (رقم ٤٢٩٧).

أعزائـي، صـار لنـا (٤٠ سنة) ندعـو الله سبحانـه وتعالى أن يحـرر القدس، وندعوه في كل مكان وفـي كل المساجد، وملايين من المسلمين يدعون الله سبحانه وتعالى أن يحـرر القدس ألم يتساءل أحدنـا بعد كل هـذا الدعاء طوال هـذه السنين: لِمَ لَـمْ يحرر؟ حال المسلمين اليوم مع اليهود كحال رجل جلس أمـام طاولة يدعو الله: «اللهم حـرك هذه الطاولة، اللهم، عليك بهـذه الطاولة، اللهم، أبعد هذه الطاولة يدعو ويدعو ويدعو» ولا يتحرك هو من مكانه.. وهذا فيه عدم أخذ بالأسباب التي وضعها الله سبحانه وتعالى على الأرض، أنا أريد أن أحـرك الطاولة المفروض أضع يدي أحركها، وأستعين بالله ثـم أدعو وأقـول: «اللهم، أعني على تحريك الطاولـة» وأتحرك.. أما أن أقـف وأدعـو فهذا جهل ونحن لسنا ضد الدعـاء، ولا يُفهَم كلامي خطأً والدعاء أساسي، ولكـن لا نعتقد أننا سنحرر القدس وفلسطين بمجرد الدعاء! أن نعتقد، أننا يمكن أن نحرر القدس، ونحن في هذا التخلـف، وبهذا الفـرق الشاسع في الأسباب بيننا وبيـن إسرائيل... فهذا جهل... نحن نؤمن بأن الله سبحانه وتعالى قادر أن يبيد اليهود وقادر بقولـه: كن فيكون أن يفتح القدس، ولكـن الله سبحانه وتعالى وضع سننـاً وقوانين في الأرض، وقد اتبعها الرسول ﷺ، انظروا إلى هجرتـه ﷺ كيف خطط؟ وتوارى واختبأ في الغـار ٣ أيام وهو رسول الله! لمـاذا؟ أيضاً في غزوة بدر خطط واستشار، وفي غزوة الخندق حفروا الخنـدق للدفـاع عـن المدينة، قصص كثيرة تـدل على أن الرسول ﷺ كان يأخذ بالأسباب، ويدعو أيضاً يفعل الاثنين معاً.

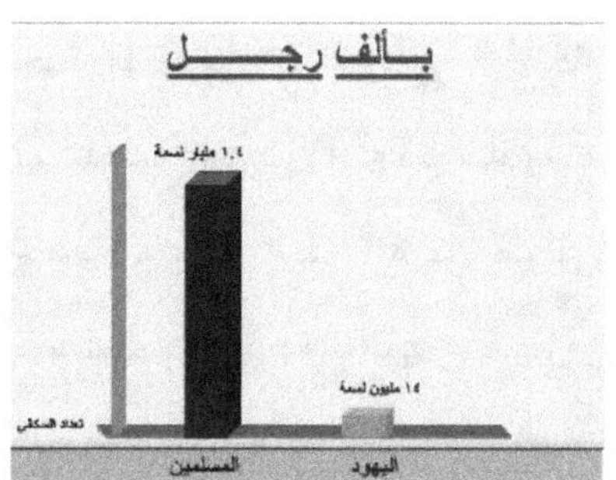

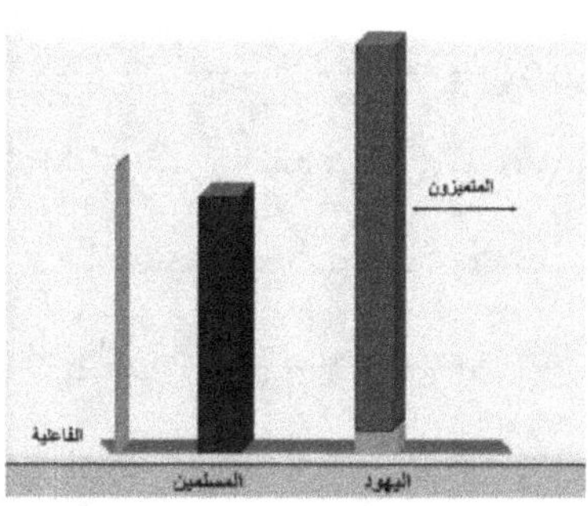

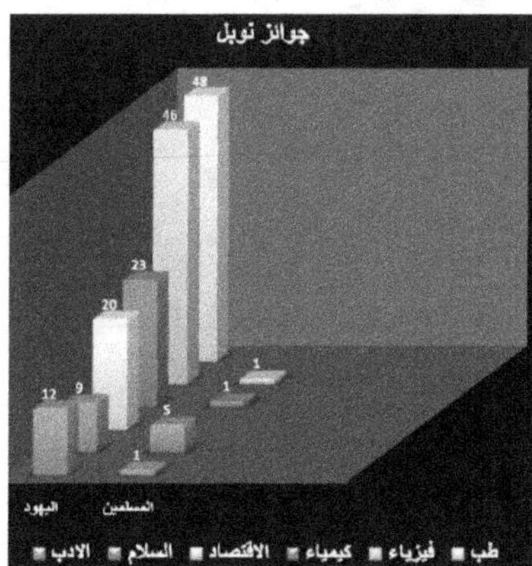

إذن مـا الفـائـدة مـن كل هـذا الـكلام لقد فهمنا أن اليهود مسيطـرون، أمـا المسلمون فهم ضعـاف، والفائدة لـكل قارئ أن يـبـدع في مجال معيــن.. أنا أريد من كل مسلم أن يكون متميزاً في مجاله أيّـاً كان هذا المجال حتى لو كان لاعب كرة، تكون لاعب كرة قـدم، ولكن تكون متميـزاً وعالميّاً.. نريد أن نـرى أطباء ومهندسين وعلمـاء فلك في كل مجـال يخطر على بالك، نريـد مسلمين الواحد منهـم بألف رجـل، كما كان الصحابـة رضوان الله عليهـم، المسلم منهم بألف رجل.

اعرف عدوك

يذكـر ابـن القيـم في كتابـه الرائـع (مـدارك السالكيـن) سبع عقبـات يتبعهـا الشيطان لإغـواء بني آدم، فإذا فهمنـا هذه العقبات سهلَ علينا محاربة الشيطان تماماً، مثل الحروب، فالجيش القوي هو الجيش الذي يفهم عدوه، يفهم نقاط ضعفه، ويفهم إستراتيجياته.

• العقبة الأولى:

هـي عقبة الكفـر، سيحاول الشيطـان جاهـداً أن يجعلك تكفر بالله، فإذا كفرت ارتاح لذلك، قالوا: «ليس بعد الكفر ذنب».

• العقبة الثانية:

إذا لـم يستطـع أن يجعلـك تكفـر بـالله، دخل عليـك من باب البدعـة، فجعلـك تقـوم بأمور ليست من باب الديـن، والأمثلة كثيرة، وأضـرب مثلاً واحداً: بعض الناس يؤمـن إلى اليوم بالخرزة الزرقاء يضعها في السيارة، أو يعلقها على صدره، يعتقد أنها ستجلب له حظّاً واسعاً وهذه كلها من الخرافات ومن مداخل الشيطان.

• العقبة الثالثة:

هـي الكبـائر: الزنا... الخمر... الرشوة... الشيطان يقول لك: يا أخي، كلها كأس، وهناك كثير من المسلمين يشربون، ثم إن الله غفور رحيـم، افعل الكبيرة واستمتع، ثم تب إلى الله سبحانه وتعالى، وهكذا

يدخل عليك من باب الكبائر، والخطر في الكبائر أن الإنسان إذا انغمس فيها وترك الصلاة والصوم يصبح بينه وبين الكفر درجة لذلك نجد بعض الشباب الذي انغمس تمامًا في الكبائر ونسي العبادات إذا حصلت له مصيبة في الدنيا، إما أن يتجه للتدين أو بعضهم -والعياذ بالله- يكفر، وهذه حاصلة في الواقع، فلنحذر من الكبائر.

• العقبة الرابعة :

إذا لم يستطع أن يغويك بالكبائر دخل عليك من باب الصغائر: (لمسة.. نظرة.. ابتسامة.. كذبة بيضة.. إلى آخره..) ويقول لك: يا أخي، الصلاة إلى الصلاة كفارات لما بينهما والعجيب أن من مداخل الشيطان، قوله حق ولكنه حق يراد به باطل، يعني فعلاً هناك أحاديث كثيرة وردت عن الرسول ﷺ أن الصلاة إلى الصلاة تكفر الصغائر [1]، ولكن السؤال: مقامك عندما تدخل على صلاة وليس عندك صغائر أفضل بكثير من أن تدخل على صلاة وعليك صغائر، ومن ثم الشيطان يحاول إن لم يستطع أن يأتك من الكبائر يأتيك من الصغائر، حتى يقلل مقامك في الصلاة يقول الله تعالى في سورة الكهف: ﴿وَيَقُولُونَ يَٰوَيْلَتَنَا مَالِ هَٰذَا ٱلْكِتَٰبِ لَا يُغَادِرُ صَغِيرَةً وَلَا كَبِيرَةً إِلَّا أَحْصَىٰهَا﴾.

فقدم الصغيرة على الكبيرة، والفضيل ﵁ له تفسير جميل في الآية يقول: والله ضجوا بالصغائر قبل الكبائر.. لماذا؟ لأن الإنسان إذا ارتكب كبيرة تبقى نصب عينيه، ويظل يتذكرها، ويتوب إلى الله

---

(١) منها ما أخرجه الهيثمي في مسنده (٦٠٥/٢).

ويستغفــر، ويبكي ولا ينساها، أما الخطر في الصغائر فإننا نفعلها كل يــوم وننساهــا، فنأتي يوم القيامة -والعياذ بــالله- ونفاجأ بعدد كبير مــن الصغــائر لذلك يقول الرسـول ﷺ: «إياكـم ومحقـرات الذنوب فإنهن يجتمعن على العبد حتى يهلكنه» [1] والعياذ بالله.

• العقبة الخامسة :

إذا لم يستطع الشيطان أن يغويك بالكبائر أو بالصغائر فسيظل يلاحقــك في الدرجة الأقل، وهي أن يغويك بالاستكثار من المباحات علــى حســاب الطاعــات، فمثلاً يجعلــك تنام كثيـراً ولا تقوم الليل، يجعلــك تأكل كثيراً فلا تصوم الإثنيــن والخميس، وهكذا مباحات لا تأخذ عليها ذنوباً، ولكنها تقلل من مقامك.

• العقبة السادسة :

فـإذا وجدك -ما شـاء الله عليك- ممتازاً ممتنعاً عن الكبائر وممتنعـاً عن الصغائر وزاهداً في الدنيـا، ولكنك مقلّ في المباحات فهو أيضاً سوف يلاحقك، وسيدخل عليك من باب الطاعات.. كيف؟ يغويك بأن تقوم بطاعات تشغلك عن طاعات أهم وأكبر، فمثلاً يغويك بأن تصلي في البيت فيمنعك ويثنيك عن صلاة الجماعة في المسجد وأجرها أكبر، يغويك مثلـاً أن تجلس تصلي كثيراً من النوافل، ولكن تهمل أهلك وهذه مقامها أعلى.. هذا مدخل عجيب للشيطان، وهو ما يعرف بفقه الأولويات..

---

(١) أخرجه أحمد (رقم ٣٨١٨) والطبراني في الكبير (رقم ٥٨٧٢).

• العقبة السابعة :

فإن لم يستطع الشيطان أن يدخل عليك من أي مدخل من المداخل الستة السابقة أسقط في يده، ولم يبقَ له إلا أسلوب واحد فقط، وهو أن يسلط عليك جنده من الإنس والجن – لذا يقول الرسول ﷺ: «أشد الناس بلاءً الأنبياء ثم الذين يلونهم ثم الذين يلونهم»[1] فكلما زاد صلاحك زاد إيذاء الناس لك.

• ملحوظة :

الذنوب ليست كلها من الشيطان، وأكبر دليل على ذلك شهر رمضان الكريم، فالشياطين مكبلة والذنوب في كل مكان، فيجب أن نعلم أن بعض الذنوب تأتي من أنفسنا. فكيف نفرق هل الذنب من الشيطان أم من أنفسنا؟ أبو حامد الغزالي أعطانا أسلوبين جميلين جدّاً:

١- أي ذنب يُعدّ عادة أو إدماناً فهو من نفسك، وليس من الشيطان، أما الذنوب التي تقوم بها بسبب غلطة عابرة أو ضعف عابر فهذا من الشيطان، مثلاً أول سيجارة دخنتها فهي من الشيطان أما إذا ظللت عشر سنوات تدخن فأنت مدمن تدخين، فهذا الذنب من نفسك والشيطان تركك منذ عشر سنوات وشغال عليك في أمور أخرى، فهذا أول تفريق: العادة من النفس والأخطاء التي ترتكب كل مدة بعد مدة من الشيطان.

____

(١) أخرجه أحمد (٢٧١٣٤/٦) والطبراني في الكبير (رقم ٦٢٦).

التفريق الثاني أن ذنوب النفس إذا قلت (أعوذ بالله من الشيطان الرجيم) لن تقل الغريزة لفعل هذا الذنب، أيّاً كان، بينما ذنوب الشيطان إذا جاءتك الغريزة أو جاءك الهاجس أن تقوم بعمل معين، وقلت: أعوذ بالله من الشيطان الرجيم يذهب عنك الهاجس، فهذا من الشيطان، نعود إلى التدخين مرة أخرى إذا أنت دخنت مدة عشر سنوات، إذا قلت: أعوذ بالله من الشيطان الرجيم ألف مرة، فإنك لن تقلع عن التدخين؛ لأن هذا الذنب من نفسك وليس من الشيطان وعلاجه علاج مختلف، فهذه من دقائق الأمور وأنفعها للإنسان في حربه ضد المعاصي.. فذنوب النفس علاجها مختلف عن ذنوب الشيطان.

مخرجنا الخطير محمد نصير في استراحة المحارب بين فقرات التصوير

في أثناء تصوير حلقة (الدنيا بخير) حيث وزعنا الطعام على العمال في مواقع البناء

الكل شارك في تبييض الحائط حتى الأطفال

مع المنتج محمد عبدالصمد في الخلف وعدد من الشباب في تنظيف الحائط خلف البساتين في جدة

نظفنا حائطاً طوله ١٠٠ متر تقريباً في ساعة واحدة.. لا بأس!

في أثناء التحضير للتصوير في الأندلسية خواطر ٢

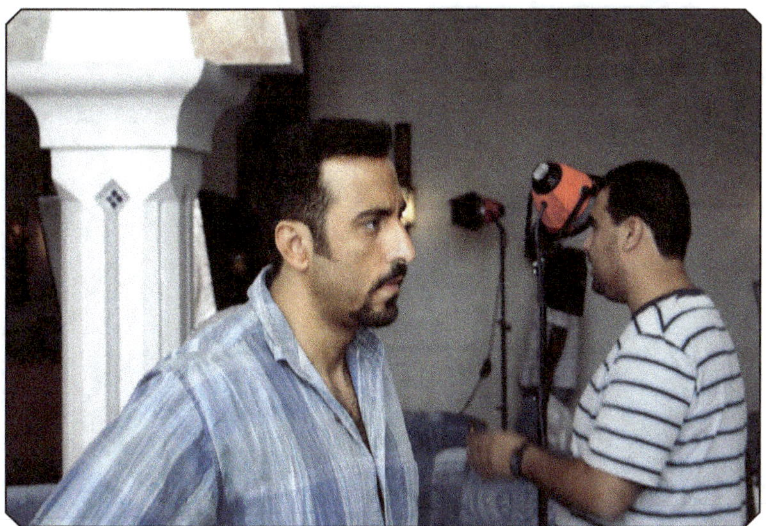

ترقب خلال الاستعدادات لتصوير خواطر ٢ في الأندلسية

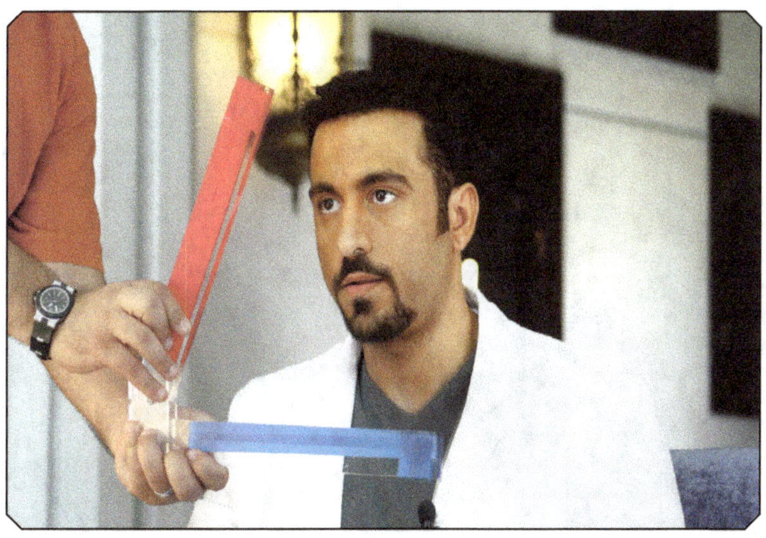

أكشن قبل التصوير.. عمري ما فهمت ليش هذه الحركة مطلوبة، لكن المخرج يقول: هذه ضرورية لعملية المونتاج!

أوقات انتظار تجهيز الكاميرات والإضاءة بين الحلقات

في أثناء استشهادي بالإنجيل في حلقة (شوية حشمة)

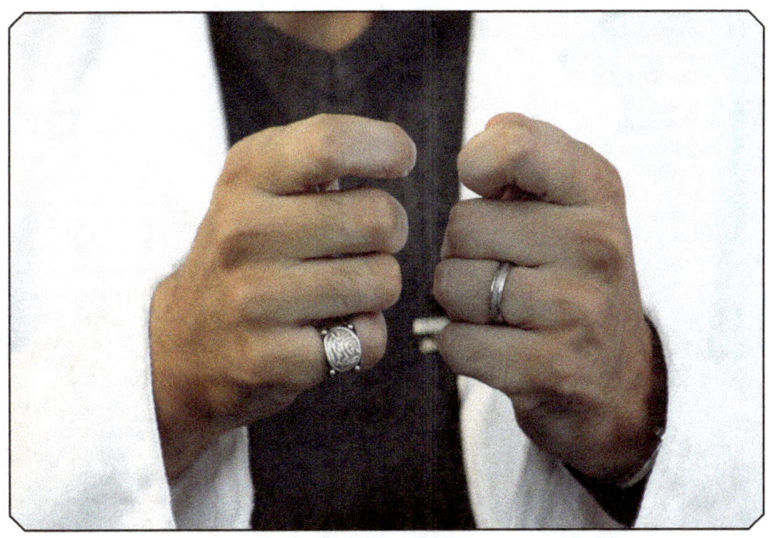

الخاتم مكتوب عليه (إلهي خذ بيدي) وأرجو ألا تأتيني تعليقات: (كيف تلبسه وتدخل به الحمام؟!)
لأني لا أدخل به الحمام!

في أثناء حلقة (اعرف عدوك)

في أثناء التصوير في الأندلسية، وتظهر إحدى الحكم المكتوبة على الوسائد
(العبد حر ما قنع، والحر عبد ما طمع)

مخرجنا الخطير محمد نصير طلب مني أن أنظر إلى يميني وأبتسم من أجل الصورة
(حركة إخراجية من طرفه)

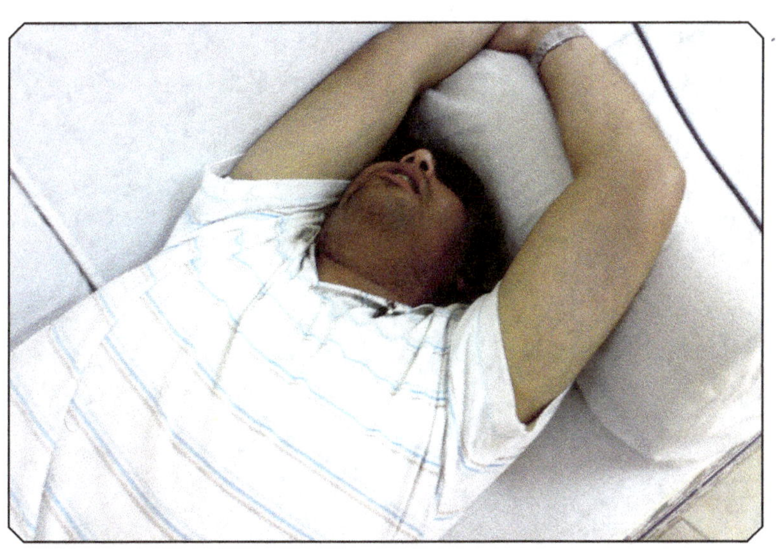

الانهيار في آخر يوم تصوير خواطر ٣، المخرج محمد نصير في سابع نومة

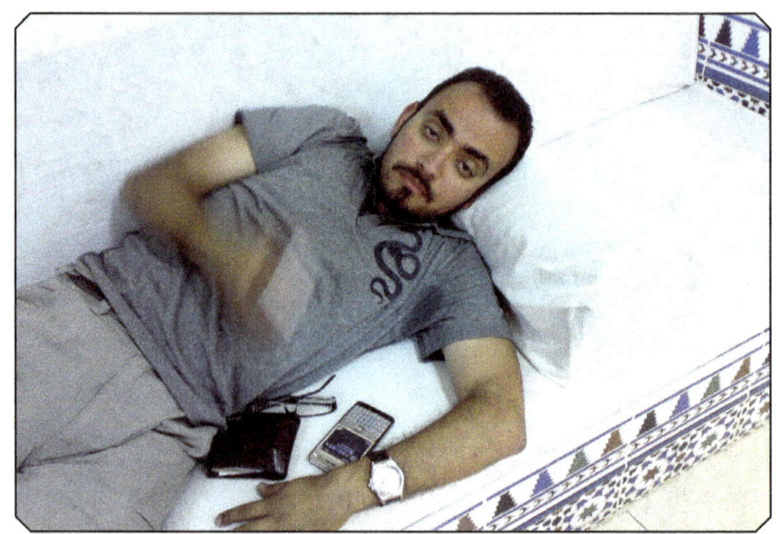

الانهيار الثاني لمنتجنا محمد عبدالصمد

الانهيار الثالث لمقدم برنامج خواطر الأخ أحمد الشقيري (حضرتي!)

استراحة ثانية في أثناء التصوير

المخرج محمد نصير يعطي تعليماته المحددة أن أعدل من جلستي؛ لتناسب الكاميرا والإضاءة
(حكاية طويلة عريضة)

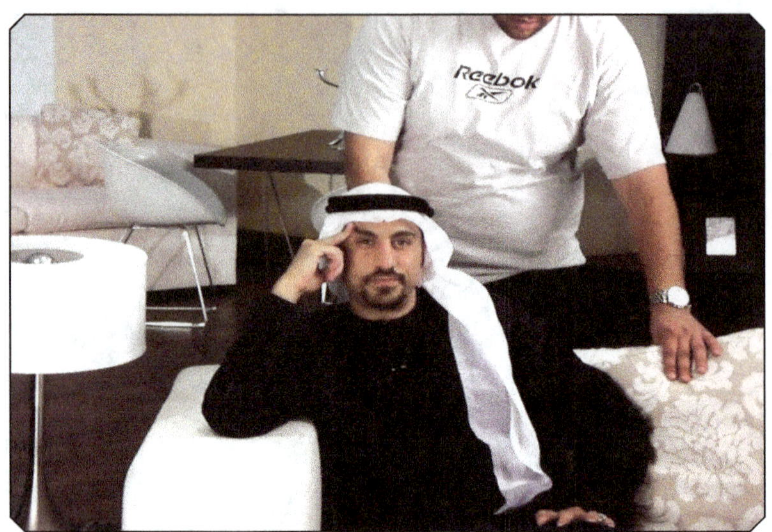

النظرة (الخنفشارية)، ما أظن أقدر أعيدها ثانية!

في أثناء حلقة (كبر عقلك)

لقطات من حلقة (صنع في ...) واحدة من أحلى حلقات خواطر في رأيي الشخصي..
وهنا كنت أتجول في مدينة جدة بالحصان؛ لعدم توافر سيارة إسلامية

لقطات من حلقة (صنع في...) واحدة من أحلى حلقات خواطر في رأيي الشخصي...
وهنا كنت أتجول في مدينة جدة بالحصان؛ لعدم توافر سيارة إسلامية

تركيب (المايك) دائمًا يكون حكاية مشربكة مع الثوب

تخيلوا أنهم وضعوا على وجهي جزم بوية -الله يكرمكم!- وكأنه خلّص (الميك أب) الذي في البلد

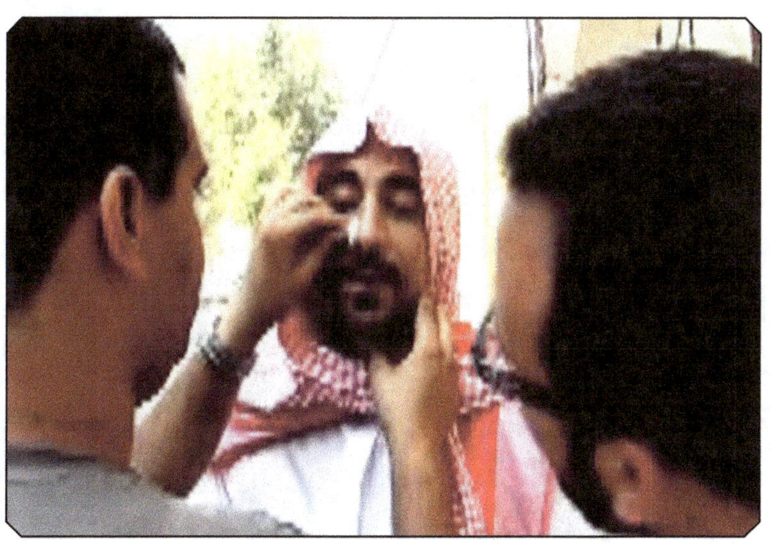

في أثناء التحضير لحلقة (نصب) عن المتسولين

حلقة أمتنا واحدة... هلالنا واحد... أدعو الله أن نصبح كالجسد الواحد فعلاً!